AF450555

# Contabilidad de sociedades comerciales

Federico Holgado Abarca

CADUCEUS

CONTABILIDAD DE SOCIEDADES COMERCIALES
© Federico Holgado Abarca


Editado por: Corporación Ígneo, S.A.C.
para su sello editorial Caduceus
José Olaya 169, Ofic. 504, Miraflores. Lima, Perú
Primera edición, diciembre, 2024


ISBN: 978-612-5184-15-3


Hecho el Depósito Legal en la Biblioteca Nacional del Perú N° 2024-12582


www.grupoigneo.com
Correo electrónico: contacto@grupoigneo.com | Teléfono: +51 955 071 270
Facebook: Grupo Ígneo | X: @editorialigneo | Instagram: @grupoigneo

# Contenido

# Abreviaturas

| | |
|---|---|
| NLGS | Ley N° 26887 Ley General de Sociedades, Perú |
| LIR | Ley del Impuesto a la Renta, Perú |
| LIGV | Ley del Impuesto General a las Ventas, Perú |
| Art. | Artículo |
| Cia | Compañía |
| SUNAT | Superintendencia de Administración Tributaria, Perú |
| TUPA | Texto Único de Procedimientos Administrativos, Perú |
| RUC | Registro Único de Contribuyente, Perú |
| D.Leg | Decreto Legislativo, Perú |
| ITAN | Impuesto Transitorio a los Activos Netos |
| PLE | Programa de Libros Electrónicos, Perú |

# CAPÍTULO I
## Reglas aplicables a todas las sociedades mercantiles

La Ley General de Sociedades Peruana - Ley N° 26887 contempla:

## Sociedades mercantiles

### Concepto

Es la agrupación de personas que convienen aportar bienes o servicios para el ejercicio en común de actividades económicas.

Toda sociedad mercantil debe adoptar alguna de las formas previstas en la Ley General de Sociedades (sociedad colectiva, sociedad en comandita, sociedad anónima, sociedad de responsabilidad limitada, sociedad civil).

### Modalidad de constitución

La constitución es simultánea y sucesiva.

La sociedad anónima se constituye simultáneamente en un solo acto por los socios fundadores o en forma sucesiva mediante oferta a terceros contenida en el programa de fundación otorgado por los fundadores.

La sociedad colectiva, sociedad en comandita, sociedad de responsabilidad limitada y las sociedades civiles solo pueden constituirse simultáneamente en un solo acto (art. 3 NLGS).

## Características

a) Pluralidad de socios (art. 4 NLGS).

b) Prestación de aportes (art. 2 al 30 NLGS).

c) Responsabilidad.

d) Distribución de resultados.

**a. Pluralidad de socios**: fácilmente se comprende que, para que exista una sociedad, es necesario que esté formada por lo menos por dos personas, excepto en el caso de las empresas del Estado.

**b. Prestación de aportes**: las formas como se puede aportar a la constitución de una sociedad mercantil son:

– Aporte de capital
– Aporte de trabajo

El primero consiste en entregar a la masa común de la empresa bienes de capital, que pueden consistir en dinero o especies, como herramientas, maquinarias, mercaderías, cuentas por cobrar, etc.; los mismos deben estar contenidos en un informe de valoración (art. 27 NLGS). Los socios deben asumir los gastos de saneamiento del bien aportado (art. 28 NLGS). La segunda forma significa el concurso de trabajo manual, intelectual o de dirección técnica o administrativa de los socios para conseguir que la empresa obtenga los fines que se había propuesto.

**c. Responsabilidad:** por el hecho de haber suscrito un contrato de sociedad, los socios se hallan sujetos a un mayor o menor grado de responsabilidad frente a terceros por los resultados del giro del negocio.

**d. Distribución de resultados:** los resultados, sean adversos o favorables, que arroje un negocio al fin de una gestión, deben ser distribuidos entre todos los socios de acuerdo con los términos establecidos en la escritura social (art. 39, 40 NLGS).

## Contenido y formalidades del acto constitutivo

La sociedad se constituye por escritura pública, en la que está contenido el pacto social que incluye el estatuto. Para cualquier modificación de estos, se requiere la misma formalidad. En la escritura pública de constitución se establece la denominación o razón social (art. 9 NLGS), el objeto social (art. 11 NLGS), el domicilio (art. 20 NLGS), la duración de la sociedad (art. 19 NLGS), los aportes de los socios (art. 22 NLGS), el patrimonio social (art. 31 NLGS), la apertura de sucursales y otras dependencias (art. 21 NLGS), así como el nombramiento de los primeros administradores de acuerdo con las características de cada forma societaria.

Los actos referidos en el párrafo anterior se inscriben obligatoriamente en los registros públicos del domicilio de la sociedad.

Cuando el pacto social no se hubiese elevado a escritura pública, cualquier socio puede demandar su otorgamiento por el proceso sumarísimo (art. 5 NLGS).

La validez de los actos celebrados en nombre de la sociedad antes de su inscripción en los registros públicos está condicionada a la inscripción y a que sean ratificados por la sociedad dentro de los tres meses siguientes. Si se omite o retarda el cumplimiento de estos requisitos, quienes hayan celebrado actos en nombre de la sociedad responden personal, ilimitada y solidariamente frente a aquellos con quienes hayan contratado y frente a terceros (art. 7 NLGS).

El pacto social y el estatuto deben ser presentados a los registros públicos para su inscripción en un plazo de treinta días contados a partir de la fecha del otorgamiento de la escritura pública.

La inscripción de los demás actos o acuerdos de la sociedad, sea que requieran o no el otorgamiento de escritura pública, debe solicitarse en el registro en un plazo de treinta días contados a partir de la fecha de realización del acto o de aprobación del acta en la que conste el acuerdo respectivo (art. 16 NLGS).

La sociedad adquiere personalidad jurídica desde su inscripción en los registros públicos y la mantiene hasta que se inscribe su extinción (art. 6 NLGS).

## Mutabilidad e inmutabilidad del capital

En las sociedades, el capital declarado es invariable, debiendo requerirse a las autoridades correspondientes una autorización para modificarlo. En tal sentido, las utilidades de una gestión deberán llevarse a cuentas de «resultados acumulados» con el propósito de fortalecer la situación financiera de la sociedad o distribuirse en forma de dividendos para los socios. Por el contrario, cuando se hayan producido pérdidas, se las deducirá de la cuenta de «reservas» o se las acumulará en la cuenta de resultados acumulados, y podrán ser cubiertas con utilidades futuras, según lo que prescriban los estatutos.

## Responsabilidad de los socios

El grado de responsabilidad que toca a los socios en las distintas formas de sociedad es diferente. Mientras en las sociedades de personas esta es solidaria e ilimitada, en las sociedades de capitales, dicha responsabilidad solo alcanza a los aportes de los socios en la empresa.

Esta limitación impuesta por la ley no puede ser más justa, desde el momento en que, en las sociedades de personas, el capital aportado por los socios es administrado por ellos mismos en forma conjunta y todos y cada uno de ellos intervienen en la administración; en cambio, en las sociedades de capitales, el socio se limita a entregar su aporte a la sociedad, recibiendo a cambio una acción que le da derecho a intervenir en la administración solo de forma indirecta, por medio de la junta general de accionistas que designa a los directores y gerentes de la sociedad.

**Correspondencia de la sociedad**

En la correspondencia de la sociedad se indicará, cuando menos, su denominación completa o abreviada, o su razón social, y los datos relativos a su inscripción en los registros públicos (art. 42 NLGS).

**Caducidad**

Las reclamaciones de los socios o de cualquier tercero contra la sociedad, o viceversa, por actos u omisiones relacionadas con derechos otorgados por la Ley General de Sociedades, respecto de los cuales no se haya establecido expresamente un plazo, caducan a los dos años a partir de la fecha correspondiente al acto que motiva la pretensión (art. 49 NLGS).

# CAPÍTULO II
## Sociedades anónimas

Podemos definir la sociedad anónima como una agrupación de capitales en un fondo común, creada con fines de explotación de negocios, manejada por la junta general de accionistas, directores y gerentes que ejercen este mandato temporalmente, en la que los socios tienen una responsabilidad limitada al monto de sus aportes más las acumulaciones provenientes de resultados favorables.

## Clasificación:

- **Sociedades cerradas:** sociedades cuyos dirigentes son dueños de todas las acciones; todas las acciones son propiedad de unos cuantos accionistas. Dichas acciones no se pueden vender al público. El número de socios no puede exceder de 20.
- **Sociedades abiertas:** poseen una gran cantidad de acciones disponibles para venta al público.
- **Sociedades registradas:** sus acciones se compran y venden en una bolsa de valores organizada (se dice que se cotizan en la bolsa).
- **Sociedades no registradas o que negocian en el mercado formal:** sus acciones se compran y venden en un mercado donde los corredores de bolsa compran y venden al público. Deben tener más de 750 accionistas.

Entre las características de las sociedades anónimas que afectan a la contabilidad, se encuentran:

1. La influencia de las leyes sobre las sociedades anónimas.
2. Sistemas de acciones o capital social.
3. Desarrollo de diversos sistemas de intereses para los dueños.
4. Limitaciones a la responsabilidad u obligación de los accionistas.
5. Formalidad en la distribución de utilidades.

## La influencia de las leyes sobre las sociedades anónimas

En síntesis, en nuestro país, la organización y funcionamiento de las sociedades anónimas deberán regirse por las siguientes normas.

Se constituyen por escritura pública, la cual es la norma de la nueva organización.

De conformidad con las normas contenidas en la Ley General de Sociedades, se observa que la constitución de las sociedades anónimas puede hacerse de dos formas:

- Por acto único (por los fundadores).
- Mediante suscripción pública de acciones.

Para constituirse por acto único, la escritura de constitución debe contener los siguientes requisitos:

a) Que lo integren dos accionistas, por lo menos.
b) Que el capital social haya sido suscrito en su totalidad.
c) Que de cada acción suscrita se haya pagado por lo menos un 25 % de su valor al momento de celebrarse el contrato constitutivo.
d) Que los estatutos de la sociedad sean aprobados por los accionistas. Fuera de estos requisitos, se indica que deberán incluirse en la escritura de constitución los requi-

sitos señalados en el art. 57 de la NLGS, que son los siguientes:

- Indicar el lugar y fecha de celebración del acto.
- Datos generales de los socios, como nombre completo, edad, estado civil, nacionalidad, profesión, domicilio y número del DNI de las personas físicas y nombre, naturaleza, nacionalidad y domicilio de las personas jurídicas que intervengan en la constitución.
- Razón social y domicilio de la sociedad (la denominación de una sociedad anónima estará referida al objeto principal de su giro, seguida de las palabras «sociedad anónima» o su abreviatura «S. A.»).
- Objeto social, que debe ser preciso y determinado.
- Monto del capital social.
- Monto del aporte efectuado por cada socio, en dinero, bienes, valores o servicios y su valoración. Además, la forma en que deberán pagarse los aportes comprometidos, que no podrá exceder de dos años. También deberá estipularse el régimen de aumento del capital social.
- Plazo de duración, que debe ser determinado. En el mejor de los casos es indeterminado.
- Forma de organización de la administración, el modo de designar directores, gerentes o representantes legales, órgano de fiscalización interna y sus facultades, fijación del tiempo de duración de sus cargos.
- Reglas para distribuir las utilidades o soportar las pérdidas. En caso de silencio, se entenderán en proporción a los aportes.
- Previsiones sobre la constitución de reservas.
- Régimen de liquidación y formas para designar a los liquidadores.

– Época y forma de convocar a reuniones de junta general de accionistas (ordinaria y extraordinaria), así como las reuniones de directorio. Forma de deliberar y tomar acuerdos en los asuntos de su competencia.

La segunda forma de creación de una sociedad por acciones se refiere a una novedosa modalidad implantada en nuestro país y se refiere a la suscripción pública de acciones.

Para que pueda darse este tipo de creación es preciso que concurran tres aspectos fundamentales:

a) Que los accionistas promotores, es decir, los que tienen la idea o proyecto de explotar pero no tienen suficientes recursos para hacerlo, acudan a interesar al público suscriptor, haciendo una presentación y cumpliendo determinados requisitos establecidos en la Ley General de Sociedades.

b) Que dentro de las modalidades establecidas, el trámite se haya inscrito en los Registros Públicos.

c) La intervención de un banco, que actuará como encargado de preparar la documentación y recibir los depósitos de los suscriptores.

El art. 58 de la NLGS se refiere a un programa de fundación suscrito por los socios promotores o fundadores, que será depositado en los Registros Públicos y deberá contener los siguientes requisitos:

– Datos generales de los promotores.

– Clase y valor de las acciones. Condiciones del contrato de suscripción y anticipos a cuenta de él.

– Número de acciones correspondientes a los promotores.

– Proyecto de estatutos.

- Ventajas y beneficios eventuales que los promotores proyectan reservarse.
- Plazo de suscripción (no puede ser mayor a seis meses del depósito en los Registros Públicos).
- Contrato entre un banco y los promotores para controlar la suscripción pública.

Es obvio que, antes de ofrecer al público la suscripción de acciones, el programa debe ser aprobado por los fundadores.

Una vez suscrito el capital requerido en el programa, los promotores deberán convocar a una junta general constitutiva, que funcionará válidamente con la presencia de la mitad más una de las acciones suscritas y convalidada con la presencia de un representante del banco interviniente.

Esta junta aprobará lo actuado por mayoría de votos presentes o representados, de suscriptores que formen por lo menos un tercio de ellos, que comprobará los siguientes aspectos:

- Existencia de los depósitos efectuados en dinero en efectivo.
- Aprobar la valoración de los bienes aportados en especie.
- Aprobar las gestiones y gastos efectuados por los promotores.
- Aprobar o modificar las ventajas y beneficios que los promotores se hubieran reservado.
- Analizar y aprobar los estatutos.
- Designar los directores, representantes o administradores de la sociedad.
- Designar dos suscriptores para firmar el acta de la junta general y los que suscribirán la escritura pública de constitución social.
- Considerar el plazo para el pago del saldo de las suscripciones.

Consideramos necesario mencionar que los socios fundadores tienen tal carácter cuando otorgan la escritura de constitución en la sociedad constituida por acto único, y a los que suscriban el programa cuando se trata de constituirla por suscripción pública. Los beneficios que los fundadores pueden atribuirse como retribución a materializar sus ideas y proyectos, hecho que se le considera justo, tienen sus limitaciones, en el sentido de que ningún beneficio podrá afectar o disminuir el capital social, so pena de nulidad.

Además, las retribuciones que puedan asignarse a los promotores no podrán exceder del 10 % de las utilidades anuales, ni prolongarse por más de diez años a partir de la constitución.

## Sistemas de acciones o capital social

Generalmente, el capital contable de una empresa se forma con una gran cantidad de unidades o acciones. En una determinada clase, cada acción es exactamente igual a todas las demás. El interés de cada uno de los accionistas se determina por el número de acciones que posee. Si la empresa tiene solo una clase de acciones compuesta por 1000 unidades, la persona que tenga 500 acciones controla la mitad del interés de los accionistas; el que tenga 10 acciones controlará una centésima parte de ese interés.

Cada acción de capital tiene ciertos derechos y privilegios que solo se pueden restringir mediante contrato especial en el momento de la emisión. Es necesario examinar los artículos de la escritura, los certificados de acciones y las disposiciones contenidas en las leyes para tener conocimiento de las restricciones y de las variantes con respecto a los derechos y privilegios estándar. De no tener restricciones, cada acción tiene los siguientes derechos:

1. Participar proporcionalmente en las ganancias y pérdidas.
2. Participar proporcionalmente en la dirección de la empresa (el derecho a elegir a directores y gerentes).

3. Participar proporcionalmente en los activos de la empresa a su liquidación.
4. Participar proporcionalmente en toda nueva emisión de acciones de la misma clase (derecho de prioridad).

Los tres primeros se otorgan a todo propietario de las acciones; el último se puede usar en una sociedad anónima para proteger los intereses proporcionales de cada socio. El derecho de prioridad protege a los accionistas contra la pérdida de su proporción en los derechos que como tales tienen. Sin este derecho, los accionistas, con determinado porcentaje de interés, pueden verlo reducido por la emisión de acciones adicionales sin su conocimiento y a precios que no les convengan.

Como el derecho de prioridad que es propio de las acciones actuales hace que no sea conveniente para las sociedades hacer grandes emisiones de acciones adicionales como hacen con frecuencia para adquirir otras empresas, muchas sociedades lo han eliminado.

La gran ventaja del sistema de acciones para una empresa es la facilidad con que el interés en un negocio se puede transferir de una persona a otra. La persona que posee acciones de una sociedad anónima puede venderlas a otros en cualquier momento y a cualquier precio sin obtener el consentimiento de la empresa ni de los demás accionistas. Cada acción es una propiedad personal y su dueño puede disponer de ella a voluntad. Todo lo que se exige a la sociedad anónima es que tenga una lista o registro de accionistas.

Dado que las acciones se transfieren libremente y con frecuencia, es necesario que la sociedad anónima actualice periódicamente el registro de accionistas, generalmente antes del pago de dividendos o de la junta general de accionistas. A medida que aumenta el número de accionistas, aumenta la necesidad de poner en marcha sistemas más eficientes para manejar grandes cantidades de acciones transferidas.

También los intercambios importantes de acciones exigen controles que las sociedades anónimas comunes encuentran antieconómicos; siendo por eso que se usan los servicios de intermediarios, como casas de bolsa y agentes de intermediación para el registro y control de transferencias de las acciones, actividades en las que están especializados. Las negociaciones con certificados de acciones están regidas por la Ley del Mercado de Valores.

## Variedad de intereses de los accionistas

En toda sociedad anónima una clase o tipo de acciones debe representar el interés básico de propiedad. Esa clase está representada por las acciones comunes. Las acciones comunes son el interés residual de la sociedad anónima (diferencia entre activo y pasivo), participan del riesgo de pérdida y reciben los beneficios del éxito.

No tienen garantía de dividendos ni activos específicos en caso de disolución de la sociedad, pero generalmente los dueños de las acciones comunes son quienes controlan la dirección de la empresa y tienden a beneficiarse más si esta tiene éxito. En caso de que la sociedad anónima tenga solo una emisión autorizada de acciones de capital, estas son por definición acciones comunes.

En sus esfuerzos para atraer a todo tipo de inversionista, las sociedades anónimas pueden ofrecer dos o más tipos de acciones con diferentes derechos y privilegios. En la sección anterior se señala que cada acción de una emisión tiene los mismos derechos que las demás acciones de la misma emisión y que hay cuatro derechos inherentes a cada acción. El accionista puede sacrificar ciertos derechos, mediante contratos especiales entre él y la sociedad anónima, a cambio de otros derechos y privilegios especiales.

De esta forma, se crea una clase especial de acciones. Como estas tienen ciertos derechos especiales, generalmente se les llama acciones preferentes. A cambio de cualquier preferencia especial, el accionista que tiene acciones preferentes debe sacrificar parte de los derechos inherentes a la acción de capital.

Uno de los tipos más comunes de preferencia es el dar al accionista el derecho de prioridad para sus acciones preferentes en las utilidades. Se les asegura un dividendo, generalmente a una tasa convenida, antes de que se distribuya cantidad alguna entre los tenedores de acciones comunes. A cambio de esta preferencia, el interesado podría sacrificar su derecho a voz y voto en la junta general o su derecho a utilidades más allá de la tasa convenida.

Una sociedad anónima puede hacer algo muy parecido emitiendo dos clases de acciones comunes, las de clase A y las de clase B. En este caso una de las emisiones es la de acciones comunes y la otra tiene alguna preferencia o restricción de derechos básicos. Por ejemplo, una sociedad anónima creó dos clases de acciones comunes, las de clase A y las de clase B cuando decidió emitir acciones para el público.

Ambas clases participan en igualdad (por acción) en los pagos de dividendos tienen el mismo derecho sobre los activos en caso de disolución. La diferencia es que las de la clase A votan y las de la clase B no votan. Las de clase B se venden al público, mientras que las de la clase A, que son de la familia, solo se pueden vender en privado (las de clase A se pueden convertir una por una en acciones de la clase B, pero no se puede hacer lo contrario).

## Voto acumulativo

De acuerdo con el artículo 164 de NLGS, las sociedades están obligadas a constituir su directorio con representación de la minoría. Para determinar el número de acciones que se necesita para elegir un número específico de directores se utiliza la formula siguiente:

Acciones requeridas = $\dfrac{\text{n}^\circ \text{ de directores deseados} * \text{n}^\circ \text{ total de acciones en circulación} + 1}{\text{N}^\circ \text{ total de directores a elegir} + 1}$

N° de directores que se puede elegir = $\dfrac{(\text{acciones poseídas} -1) * (\text{n}^\circ \text{ total de directores a elegir} +1)}{\text{N}^\circ \text{ total de acciones en circulación.}}$

Ejemplo: Carlos Rodríguez desea elegir 5 de los 13 directores en el directorio de San Antonio S. A.A. Existen 98 000 acciones de capital de la empresa en circulación ¿Cuántas acciones se necesitarán para alcanzar esta meta?

Desarrollo:

Acciones requeridas = $\dfrac{\text{n}^\circ \text{ de directores deseados} * \text{n}^\circ \text{ total de acciones en circulación} + 1}{\text{N}^\circ \text{ total de directores a elegir} + 1}$

Acciones requeridas $= \dfrac{5 * 98\,000}{13+1} + 1 = \dfrac{490\,000}{14} + 1 = 35\,000 + 1 = 35\,001$

## Limitaciones de las responsabilidades de los accionistas

En una sociedad anónima, los intereses de los dueños están legalmente protegidos contra las reclamaciones personales; los accionistas pueden perder su inversión, pero no más que eso.

Las acciones tienen una cantidad fija impresa en cada certificado que se llama valor nominal. El valor nominal tiene un solo significado real: establecer la máxima responsabilidad de un accionista en caso de insolvencia o disolución por alguna otra causa involuntaria. De manera que el valor nominal no es un «valor» en el sentido ordinario de la palabra. Es simplemente una cantidad por acción determinada por los fundadores de la sociedad anónima y especificada en la escritura constitutiva de la sociedad.

Establecen el valor nominal por acción, que es la cantidad mínima que debe pagar el accionista por cada acción, si es que se va a pagar todo el capital al hacerse la emisión de acciones. Sin embargo, una sociedad puede emitir su capital a más o menos del valor nominal, y es cuando se dice que la emisión se realizó con premio o con descuento, respectivamente.

Si las acciones se emiten a su valor nominal o más y posteriormente la sociedad anónima sufre pérdidas y los activos para pagar a los accionistas a la disolución son insuficientes, aquellos pueden perder toda su inversión. Sin embargo, si las acciones se emiten a un precio más bajo que el nominal y las pérdidas resultan ser de una magnitud tal que consuman no solo las inversiones de los accionistas, sino también una parte de los activos necesarios para pagar a los acreedores, estos pueden obligar a los accionistas a pagar a la sociedad anónima el importe del descuento de sus acciones de capital.

De manera que los compradores originales de acciones emitidas a menos de su valor nominal tienen un pasivo contingente con los acreedores de la sociedad anónima.

## Formalidad de la distribución de utilidades

En una sociedad anónima, la distribución de las utilidades está controlada por ciertas restricciones legales. Primero, se debe detraer una reserva legal; segundo, la distribución de dividendos a los accionistas debe ser formalmente aprobada por la Junta General de accionistas; y tercero, los dividendos deben cumplir cabalmente con los contratos de acciones en cuanto a preferencias, participaciones, etc.

## Contabilización de la emisión de acciones

Al emitir acciones se siguen estos procedimientos. En primer lugar, las acciones tienen que ser autorizadas, generalmente en un certificado o escritura de constitución. Después, se ofrecen en venta las acciones y se celebran los contratos de venta; a continuación, se cobran los importes que se van a recibir a cambio de las acciones y se emiten estas. Los problemas de contabilidad de la emisión de acciones podemos estudiarlos bajo los siguientes encabezados:

1. Contabilización de acciones con valor nominal.
2. Contabilización de acciones para pagar a plazos (suscripciones).
3. Contabilización de acciones emitidas en combinación con otros valores (en un solo pago).
4. Contabilización de acciones emitidas en transacciones sin efectivo.
5. Pagos adicionales sobre las acciones.
6. Contabilización de los costos de emisión de acciones.

## 1. Contabilización de acciones con valor nominal

Para presentar la información requerida para la emisión de acciones con valor nominal, deberán llevarse las siguientes cuentas de cada clase de acciones.

**Acciones preferentes o acciones comunes:** reflejan el valor nominal de las acciones emitidas por la sociedad. Se hace un abono a estas cuentas cuando se hace la emisión original de las acciones. No se hace ningún movimiento adicional en estas cuentas, más que cuando se emiten acciones adicionales o se retiran acciones.

**Capital pagado en exceso del valor nominal o capital pagado adicional:** indica cualquier exceso pagado por los accionistas sobre el valor nominal, a cambio de las acciones adquiridas. Una vez hecho el pago, la cantidad pagada en exceso del valor nominal se convierte en parte del capital pagado adicional de la sociedad anónima y el accionista no tendrá más derecho a reclamaciones por la cantidad adicional pagada, que el que tienen los demás accionistas dueños de igual clase de acciones.

**Descuentos sobre las acciones**: indica que las acciones se han emitido a menos de su valor nominal. El comprador original o el poseedor actual de las acciones emitidas a menos de su valor nominal puede ser requerido para que pague el importe del descuento si tal cosa es necesaria para evitar que los acreedores sufran pérdidas a la liquidación de la sociedad anónima.

Para ilustrar la manera de usar estas cuentas, supóngase que la Empresa San Antonio S. A. vendió en S/ 1100 cien acciones de capital con valor nominal de S/ 5 cada una. El asiento para registrar la emisión es:

| | S/ | S/ |
|---|---|---|
| --------------------- X --------------------- | | |
| 10 efectivo y equivalentes | 1100 | |
| 104 cuentas corrientes | | 500 |
| 50 capital | | |
| 501 capital social | | |
| 5011 acciones | | |
| 52 capital adicional | | 600 |
| 521 prima (descuento) de acciones | | |
| --------------------- X --------------------- | | |

Si las acciones se hubiesen emitido mediante pago de S/ 300, el asiento se haría como sigue:

| | S/ | S/ |
|---|---|---|
| --------------------- X --------------------- | | |
| 10 efectivo y equivalentes | 300 | |
| 104 cuentas corrientes | | |
| 52 capital adicional | 200 | |
| 521 prima (descuento) de acciones | | |
| 50 capital | | 500 |
| 501 capital social | | |
| 5011 acciones | | |
| --------------------- X --------------------- | | |

## 2. Contabilización de acciones para pagar a plazos (suscripciones):

Cuando las acciones se venden a plazos se usan dos cuentas nuevas. La primera, 522 capitalización en trámite, por las acciones comunes o preferentes suscritas, implica la obligación que tiene la sociedad anónima de emitir acciones contra pago del último saldo de su importe por los suscriptores. Una vez pagado el precio total de las acciones suscritas, se carga la cuenta 522 capitalización en trámite y se abona la cuenta 501 capital social.

La segunda cuenta, 1421 suscripciones por cobrar a socios o accionistas, indica la cantidad que está pendiente de cobro antes de que se emitan las acciones suscritas. Esta cuenta, en el estado de situación financiera, se presenta como una deducción del capital contable, de manera similar a las acciones de tesorería registradas al costo.

Por ejemplo, la empresa San Antonio S. A. ofrece 500 acciones en suscripción a un grupo selecto de personas, dándoles el derecho a comprar 10 acciones (valor nominal S/ 5) a un precio de S/ 20 cada una. Cincuenta personas aceptan la oferta de la empresa y acuerdan pagar el 50 % al contado y el otro 50 % seis meses después.

Fecha de emisión

| | S/ | S/ |
|---|---|---|
| ------------------- x ----------------------- | | |
| 14 cuentas por cobrar al personal a los accionistas (socios) y directores | 10 000 | |
| 142 accionistas o socios | | |
| 1421 suscripciones por cobrar a socios o accionistas. | | |
|   52 capital adicional | | 10 000 |
|   522 capitalización en trámite | | |
|   5221 aportes | | |
| Por la suscripción de 500 acciones. | | |
| ------------------- x ----------------------- | | |

Cobro:

| | S/ | S/ |
|---|---|---|
| ------------------- X ----------------------------- | | |
| 10 efectivo y equivalentes | 5000 | |
| 104 cuentas corrientes | | |
|   14 cuentas por cobrar al personal a los accionistas (socios) y directores | | 5000 |
|   142 accionistas o socios | | |
|   1421 suscripciones por cobrar a socios o accionistas. | | |
| Por el cobro de 50 % de la deuda sobre las acciones suscritas. | | |
| ------------------- X --- --------------------- | | |

Seis meses después
Cobro:

| | S/ | S/ |
|---|---|---|
| ------------------- X ----------------------------- | | |
| 10 efectivo y equivalentes | 5000 | |
| 104 cuentas corrientes | | |
|   14 cuentas por cobrar al personal a los accionistas (socios) y directores | | 5000 |
|   142 accionistas o socios | | |
|   1421 suscripciones por cobrar a socios o accionistas. | | |
| Por el cobro de 50 % de la deuda restante sobre las acciones suscritas. | | |
| ------------------- X - --------------------- | | |

Por la emisión de acciones

| ------------------- x ------------------- | S/ | S/ |
|---|---|---|
| 52 capital adicional | 10 000 | |
| 522 capitalización en trámite | | |
| 5221 aportes | | |
| 50 capital | | 2500 |
| 501 capital social | | |
| 5011 acciones | | |
| 52 capital adicional | | 7500 |
| 521 prima (descuento) de acciones. | | |
| Para registrar la emisión de 500 acciones al recibo | | |
| del pago final de los suscriptores. | | |
| ------------------- x ------------------- | | |

Incumplimiento en pago de suscripciones: de acuerdo con los artículos 78, 79 y 80 de la NLGS, los accionistas incurren en mora y no pueden ejercer sus derechos, quedando las acciones en poder de la empresa para poder revenderlas y resarcir los gastos ocasionados a la sociedad.

## 3. Contabilización de acciones emitidas en combinación con otros valores (en un solo pago)

Por lo general, las sociedades anónimas venden separadamente las diferentes clases de acciones para que se conozca el producto de cada clase y aun de cada lote. Ocasionalmente, se emiten dos o más clases de valores por un solo pago. No es raro que se emitan dos o más tipos o clases de valores para la adquisición de otra empresa. El problema contable de la entrega en un solo pago es el de la asignación de los productos entre las varias clases de valores. Los dos métodos de asignación de que disponen los contadores son: 1) el método de proporción y 2) el método de incremento.

Método de proporción: si se conoce el justo valor de mercado o se dispone de otra buena base para determinar el valor relativo de cada clase de valores, se distribuye la suma total entre las clases de valores sobre una base proporcional, es decir, la relación de cada uno de ellos al total.

Por ejemplo, si por una suma total de S/ 30 000 se emiten 1000 acciones comunes con un valor nominal de S/ 10 y valor de mercado de S/ 20, y 1000 acciones preferentes con valor nominal de S/ 10 y valor de mercado de S/ 12, la asignación de los 30 000 soles a las dos clases sería como sigue:

| | | |
|---|---|---|
| Justo valor de mercado de acciones comunes (1000*S/ 20) | | 20 000 |
| Justo valor de mercado de acciones preferentes (1000*S/12) | | <u>12 000</u> |
| Justo valor de mercado (total) | S/ | 32 000 |
| | | ====== |
| Asignado a las acciones comunes | $\frac{20\,000}{32\,000} * 30\,000 =$ | 18 750 |
| Asignado a las acciones preferentes | $\frac{12\,000}{32\,000} * 30\,000 =$ | <u>11 250</u> |
| Total de la asignación | | 30,000 |

Método de incremento: en los casos en que no se puede determinar el justo valor de mercado de todos los valores, se puede usar el método de incremento. Se utiliza como base el valor de mercado de los valores que se conoce, y el resto de la suma total se asigna a la clase cuyo valor de mercado no se conoce.

Por ejemplo, si por una suma de S/ 30 000 se emiten 1000 acciones comunes con un valor nominal de S/ 10 y valor de mercado de S/ 20, y 1000 acciones preferentes con valor nominal de S/ 10 que no tienen precio establecido de mercado, la asignación de los S/ 30 000 a las dos clases sería como sigue:

| Suma total recibida | S/ 30 000 |
| Asignado a acciones comunes | |
| (1000 acciones * S/ 20 de justo valor de mercado) | <u>20 000</u> |
| Saldo asignado a las acciones preferentes | 10 000 |

Si no se puede determinar el justo valor de mercado de ninguna de las clases de valores que abarca una operación de una sola suma, la asignación tendrá que ser arbitraria. Si se sabe que una o más de las clases de valores tendrá un valor posible de determinar en un futuro cercano, se puede usar la base arbitraria con miras a hacer el ajuste cuando se establezca el futuro valor de mercado.

## 4. Contabilización de acciones emitidas en transacciones sin efectivo:

No son raras las ocasiones en que una parte del capital pagado de una sociedad anónima sea resultado de acciones emitidas a cambio de propiedades, bienes o cualquier otra forma de activo que no sea efectivo. La contabilidad de las acciones emitidas a cambio de propiedades u otros activos puede presentar un problema de valuación. La regla general que se aplica cuando se emiten acciones a cambio de propiedades y otros activos que no sean dinero en efectivo es registrar las propiedades o activos a su justo valor de mercado (art. 76 NLGS).

Las acciones no emitidas o las de tesorería (acciones que han sido readquiridas, pero no retiradas) se pueden dar a cambio de propiedades u otros activos. Si se dan acciones de tesorería, no se deberá considerar decisivo su costo para establecer el justo valor de mercado de las propiedades u otros activos; en vez de ello, se deberá usar el justo valor de mercado de las acciones de tesorería.

Por ejemplo, registrar la emisión de 10 000 acciones comunes con valor nominal de S/ 10, que se dan a cambio de una patente.

- No se puede determinar con prontitud el justo valor de mercado de la patente, pero se sabe que el de las acciones es de S/ 140 000.

| | S/ | S/ |
|---|---|---|
| ------------------- x ----------------------- | | |
| 14 cuentas por cobrar al personal a los accionistas (socios) y directores | 100 000 | |
| 142 accionistas o socios | | |
| 1421 suscripciones por cobrar a socios o accionistas. | | |
| 52 capital adicional | | |
| 522 capitalización en trámite | | 100 000 |
| 5221 aportes | | |
| Por la suscripción de 10 000 acciones. | | |
| ------------------- x ----------------------- | | |
| 34 Intangibles | 140 000 | |
| 342 patente y propiedad industrial | | |
| 14 cuentas por cobrar al personal a los accionistas (socios) y directores | | 100 000 |
| 142 accionistas o socios | | |
| 1421 suscripciones por cobrar a socios o accionistas. | | |
| 52 capital adicional | | 40 000 |
| 521 prima (descuento) de acciones | | |
| ------------------- x ----------------------- | | |
| 52 capital adicional | 100 000 | |
| 522 capitalización en trámite | | |
| 5221 aportes | | |
| 50 capital | | 100 000 |
| 501 capital social | | |
| 5011 acciones | | |
| ------------------- x ----------------------- | | |

– No se puede determinar con propiedad el justo valor de mercado de las acciones, pero se determina que la patente es de S/ 150 000.

| -------------------- X -------------------- | S/ | S/ |
|---|---|---|
| 34 intangibles | 150 000 | |
| 342 patente y propiedad industrial | | |
| 14 cuentas por cobrar al personal a los accionistas | | 100 000 |
| (socios) y directores | | |
| 142 accionistas o socios | | |
| 1421 suscripciones por cobrar a socios o | | |
| accionistas. | | |
| 52 capital adicional | | 50 000 |
| 521 prima (descuento) de acciones | | |
| -------------------- X -------------------- | | |
| 52 capital adicional | 100 000 | |
| 522 capitalización en trámite | | |
| 5221 aportes | | |
| 50 capital | | 100 000 |
| 501 capital social | | |
| 5011 acciones | | |
| -------------------- X -------------------- | | |

– No se puede determinar con prontitud el justo valor de mercado de las acciones, ni el de la patente. Un consultor independiente valúa la patente en S/ 125 000, y el directorio se muestra conforme con esta valuación.

| | S/ | S/ |
|---|---|---|
| ---------------- X ------------------ | | |
| 34 intangibles | 125 000 | |
| 342 patente y propiedad industrial | | |
| 14 cuentas por cobrar al personal a los accionistas (socios) y directores | | 100 000 |
| 142 accionistas o socios | | |
| 1421 suscripciones por cobrar a socios o accionistas. | | 25 000 |
| 52 capital adicional | | |
| prima (descuento) de acciones | | |
| ---------------- X ------------------ | | |
| 52 capital adicional | 100 000 | |
| 522 capitalización en trámite | | |
| 5221 aportes | | |
| 50 capital | | 100 000 |
| 501 capital social | | |
| 5011 acciones | | |
| ---------------- X ------------------ | | |

## Costo de emisión de las acciones

Los costos relacionados con la adquisición de capital para la sociedad anónima a resultas de la emisión de valores incluyen lo siguiente: honorarios de abogados, honorarios de contadores, honorarios de notarios, honorarios y comisiones de intermediarios, gastos de impresión y portes para envío de certificados, gastos de solicitud a registros públicos y la superintendencia de mercado de valores, gastos de publicidad, etc.

En la práctica, hay dos métodos principales para contabilizar los costos de la primera emisión. El primero de ellos trata los costos de emisión como reducción a las cantidades pagadas. En efecto, tales costos se cargan al capital pagado en exceso del valor nominal. Este tratamiento se basa en el argumento de que los costos de emisión no están relacionados con las operaciones de la sociedad anónima y que, por consiguiente, no se deben cargar a gastos; los costos de emisión son vistos como reducción del producto de las actividades financieras (NIC 32 Instrumentos financieros).

El segundo método consiste en tratar los costos de emisión como costos de organización, que no se cargan de inmediato a gastos ni a capital; esos costos se capitalizan y clasifican como activo transitorio y se cancelan como gastos durante un periodo no mayor de 10 años, de acuerdo con lo establecido en la ley del impuesto a la renta. Sin embargo, debemos aclarar que este procedimiento no cumpliría con la definición de «activo» establecida en el marco conceptual de las Normas Internacionales de Información Financiera y NIC 1 Presentación de la Información Financiera.

## Readquisición de acciones

No es raro que las sociedades anónimas vuelvan a comprar sus propias acciones. Son varias las razones, entre las principales podemos indicar:

- Satisfacer los contratos de compensación a trabajadores con acciones y las posibles necesidades de fusión de empresas.
- Para aumentar las ganancias por acción al reducir el número de acciones en circulación.
- Para frustrar los intentos de apoderarse de la empresa o para reducir el número de accionistas.
- Constituir un mercado para sus acciones.
- Contratar las operaciones del negocio (mejorar la cotización).

Una vez que se recompran las acciones, se pueden retirar o bien mantenerlas en la tesorería para emitirlas nuevamente. Si no se retiran, se llaman acciones de tesorería. Técnicamente, las acciones de tesorería son las acciones de la propia sociedad anónima, que se han recomprado después de haber sido emitidas y totalmente pagadas.

Las acciones de tesorería no son un activo, de acuerdo con lo establecido en la NIC 32 Instrumentos Financieros. Cuando una sociedad anónima compra parte de sus propias acciones en circulación, ha reducido su capital, pero no ha adquirido un activo. Su posición no da derecho a voto, ni a recibir utilidades, ni a recibir parte de los activos al momento de la liquidación.

## Métodos para contabilizar las acciones de tesorería

Los dos métodos generales para manejar las acciones de tesorería son el de costos y el de valor nominal. El método de costos da como resultado un cargo a la cuenta de acciones de tesorería por el costo de readquisición, método no permitido por la NLGS (art. 104) y la NIC 32 Instrumentos Financieros. Con el método de valor nominal o valor establecido, se registran las transacciones al valor nominal y el exceso se registra como un capital adicional; se declara una deducción del capital de la sociedad.

Ejemplo:

1. Se suscribió y pagó mil acciones comunes con valor nominal de S/ 100 a S/ 110 cada una.

| ------------------- X ------------------- | S/ | S/ |
|---|---|---|
| 10 efectivo y equivalentes | 110 000 | |
| 104 cuentas corrientes | | |
|   50 capital | | 100 000 |
|   501 capital social | | |
|   5011 acciones | | |
|   52 capital adicional | | 10 000 |
|   521 prima (descuento) de acciones | | |
| ------------------- X ------------------- | | |

2. Se recompra 100 acciones a S/ 112.

| ------------------- X ------------------- | S/ | S/ |
|---|---|---|
| 50 capital | 10 000 | |
| 502 acciones en tesorería | | |
| 52 capital adicional | 1200 | |
| 521 prima (descuento) de acciones | | |
|   10 efectivo y equivalentes | | 11 200 |
|   104 cuentas corrientes | | |
| ------------------- X ------------------- | | |

3. Se recompra 100 acciones comunes a S/ 98.

| ------------------- X ------------------- | S/ | S/ |
|---|---|---|
| 50 capital | 10 000 | |
| 502 acciones en tesorería | | |
|   52 capital adicional | | |
|   521 prima (descuento) de acciones | | 200 |
| 10 efectivo y equivalentes | | |
| 104 cuentas corrientes | | 9800 |
| ------------------- X ------------------- | | |

4. Se recompra 100 acciones a S/ 105.

| ---------------------- X ---------------------- | S/ | S/ |
|---|---|---|
| 50 capital | 10 000 | |
| 502 acciones en tesorería | | |
| 52 capital adicional | 500 | |
| 521 prima (descuento) de acciones | | |
|   10 efectivo y equivalentes | | 10 500 |
|   104 cuentas corrientes | | |
| ---------------------- X ---------------------- | | |

5. Se vuelve a emitir 100 acciones de tesorería a s/ 115.

| ---------------------- X ---------------------- | S/ | S/ |
|---|---|---|
| 10 efectivo y equivalentes | 11 500 | |
| 104 cuentas corrientes | | |
|   50 capital | | 10 000 |
|   502 acciones en tesorería | | |
|   52 capital adicional | | 1500 |
|   521 prima (descuento) de acciones | | |
| ---------------------- X ---------------------- | | |

6. Se vuelve a emitir 100 acciones a S/ 104.

| ---------------------- X ---------------------- | S/ | S/ |
|---|---|---|
| 10 efectivo y equivalentes | 10 400 | |
| 104 cuentas corrientes | | |
|   50 capital | | 10 000 |
|   502 acciones en tesorería | | |
|   52 capital adicional | | 400 |
|   521 prima (descuento) de acciones | | |
| ---------------------- X ---------------------- | | |

7.  Se vuelven a emitir cien acciones de tesorería a S/ 94.

| -------------------- x -------------------- | S/ | S/ |
|---|---|---|
| 10 efectivo y equivalentes | 9400 | |
| 104 cuentas corrientes | | |
| 52 capital adicional | 600 | |
| 521 prima (descuento) de acciones | | |
|   50 capital | | 10 000 |
|   502 acciones en tesorería | | |
| -------------------- x -------------------- | | |

## Retiro de acciones de tesorería

Una sociedad anónima puede retirar sus acciones de tesorería. El estatus de las acciones retiradas es el mismo que el de las acciones autorizadas y no emitidas.

Por ejemplo, se retiran 100 acciones a S/ 105.

| -------------------- x -------------------- | S/ | S/ |
|---|---|---|
| 50 capital | 10 000 | |
| 501 capital social | | |
|   50 capital | | 10 000 |
|   502 acciones en tesorería | | |
| -------------------- x -------------------- | | |

Se vuelven a retirar 100 acciones de tesorería de S/ 94.

| -------------------- x -------------------- | S/ | S/ |
|---|---|---|
| 50 capital | 10 000 | |
|   501 capital social | | |
|   50 capital | | 10 000 |
| 502 acciones en tesorería | | |
| -------------------- x -------------------- | | |

## Características de las acciones preferentes

Las acciones preferentes son una clase especial de acciones cuyo nombre se debe a que poseen ciertas preferencias o características que no tienen las acciones comunes. Las siguientes son las características más frecuentes:

- Preferencia en cuanto a dividendos.
- Preferencia en cuanto a activos en caso de liquidación.
- Se pueden convertir en acciones comunes.
- Exigible a opción de la sociedad anónima.
- Sin derecho a voto.

Por lo general, las acciones preferentes se emiten con valor nominal, y la preferencia en dividendos se expresa en términos de porcentaje del valor nominal. De manera que los tenedores de acciones preferentes al 8 %, con un valor nominal de S/ 100, tienen derecho a un dividendo anual de S/ 8 por acción; por lo común se llaman acciones preferentes al 8 %.

Las siguientes son las características más comunes que se atribuyen a las acciones preferentes:

1. **Acumulativas:** los dividendos no pagados en un año se deben integrar en el año siguiente, antes de distribuir utilidades a los tenedores de acciones comunes.
2. **Participantes:** los tenedores de las acciones preferentes participantes tienen la misma posibilidad que las acciones comunes en toda distribución de ganancias.
3. **Convertibles:** los accionistas tienen derecho a cambiar sus acciones preferentes por acciones comunes en una proporción determinada.

4. **Exigibles:** la sociedad anónima que emite acciones preferentes que se encuentran en circulación puede exigirlas o rescatarlas en fechas futuras especificadas y a precios estipulados.

## Características de deuda de las acciones preferentes

La NIC 32 Instrumentos Financieros, prohíbe a las empresas combinar las acciones preferentes con las acciones comunes en los estados financieros. Se debe presentar como pasivo no corriente las cantidades de las acciones preferentes rescatables, y como parte del patrimonio las acciones preferentes no rescatables y las acciones comunes.

El mayor o menor valor atribuido (prima) al momento de negociar las acciones preferentes se registraran en la cuenta 59 resultados acumulados (NIC 33 Utilidad por acción).

## Registros básicos relacionados con las acciones

Entre los registros especiales de la sociedad anónima que intervienen en la contabilidad de las acciones, debe haber un libro de certificados de acciones y uno de transferencia de acciones. El libro de certificados de acciones es similar a una chequera, pues contiene certificados de acciones impresos. Un libro de transferencia de acciones simplemente informa quién posee las acciones en determinado momento.

## Ejercicios sugeridos

1. San Antonio S. A. es una empresa mediana y sus acciones la poseen pocas personas. El 80 % de sus acciones pertenecen a Luis Pérez presidente de la empresa, cuyos familiares tienen otro 10 % y el 10 % restante lo tienen Juana Castro ex ejecutiva hoy

retirada. El estado de situación financiera al 30 de junio 202x fue como sigue:

| Activo | | Pasivo y patrimonio | |
|---|---|---|---|
| Efectivo y equivalentes | S/ 22 000 | pasivo corriente | S/ 150 000 |
| Otros | 600 000 | capital | 300 000 |
| | | Resultados acumulados | 172 000 |
| | 622 000 | | 622 000 |

La sociedad tiene autorizado un capital adicional de S/ 300 000 de valor nominal, cuyas acciones nunca han sido emitidas, para reforzar la situación de efectivo de la empresa. Luis Pérez emitió acciones con valor nominal de S/ 100 000 a él mismo, a cambio de igual cantidad en efectivo. En la siguiente asamblea de accionistas, la Srta. Juana Castro objetó y reclamó que se habían dañado sus intereses.

Determinar:

- ¿Qué derecho de accionista se pasó por alto al hacer la emisión de acciones a favor de Luis Pérez?
- ¿Cuál es la manera más sencilla de reparar el daño causado a los intereses de la Srta. Juana Castro?

2. San Antonio S. A. vendió mediante suscripción 50 000 acciones comunes con valor nominal de S/ 10 a S/ 40 cada una. Al 30 de junio de 202x se había cobrado un total de S/ 1 200 000 a cuenta de estas suscripciones, sin que ninguna de ellas se hubiera pagado en su totalidad.

Se pide:

- Registrar las operaciones de emisión y cobro.
- La presentación en el estado de situación financiera.

3. San Antonio S. A. compró equipo con valor de S/ 160 000 el 202x, dando S/ 100 000 en efectivo y la promesa de entregar una cantidad indeterminada de acciones de tesorería de sus acciones comunes de S/ 5 de valor nominal con valor de mercado de S/ 20 000 los primeros días de enero de cada uno de los cuatro años siguientes. Por tanto, se necesitan S/ 80 000 a valor de mercado en acciones de tesorería para descargar los S/ 60 000 que se deben de la compra del equipo.

Entonces, la sociedad adquirió 5000 de sus propias acciones con la esperanza de que el valor de mercado de las acciones aumentara considerablemente antes de las fechas de entrega.

Se pide:

– Explicar si es correcto registrar el equipo a:

a. S/ 100 000 (cantidad pagada en efectivo).
b. S/ 160 000 (el precio del equipo al contado).
c. S/ 180 000 (los 100 000 pagados en efectivo + los 80 000 del valor de mercado de las acciones de tesorería).

4. Durante el primer año de operaciones, San Antonio S. A. realizó las siguientes transacciones relacionadas con sus acciones comunes:

– 1 de enero: emitió 80 000 acciones, a cambio de efectivo, a S/ 5 cada una.
– 1 de marzo: emitió 5000 acciones que entregó a los abogados en pago de una cuenta de S/ 27 000 por servicios prestados para la fundación de la empresa.
– 1 de julio: emitió 30 000 acciones a S/ 6 en efectivo cada una.
– 1 de septiembre: emitió 60 000 acciones a S/ 7 en efectivo cada una.

Se pide:

- Formular los registros contables respectivos, suponiendo que las acciones comunes tienen un valor nominal de S/ 5 cada una.
- Formular los registros contables respectivos, suponiendo que las acciones comunes tienen un valor nominal de S/ 2 cada una.

5. San Antonio S. A. se estableció el 1.° de enero de 202x. Tiene autorización para emitir 10 000 acciones preferentes al 8 %, con valor nominal de S/ 100, y 500 000 acciones comunes con un valor nominal de S/ 2 cada una. Durante el primer año se hicieron las siguientes transacciones con acciones:

- 10 de enero: emisión de 50 000 acciones comunes a S/ 3 en efectivo cada una.
- 1.° de marzo: emisión de 5000 acciones preferentes a S/ 104 en efectivo cada una.
- 1.° de abril: emisión de 24 000 acciones comunes por un terreno por el que se pedían S/ 90 000 y cuyo justo valor de mercado era de S/ 80 000.
- 1.° de mayo: emisión de 80 000 acciones comunes a S/ 4 en efectivo cada una.
- 1.° de agosto: emisión de 10 000 acciones comunes a los abogados, en pago de su recibo por S/ 50 000 por servicios prestados para la fundación de la empresa.
- 1.° de septiembre: emisión de 10 000 acciones comunes a S/ 6 en efectivo cada una.
- 1.° de noviembre: emisión de 1000 acciones preferentes a S/ 106 en efectivo cada una.

Se pide:

- Formular los asientos de diario respectivos.

6. San Antonio S. A. fue constituida para operar una planta manufacturera. Entre las operaciones realizadas para la formación de esta empresa, están las siguientes:

- Se emitieron 5000 acciones a su valor nominal de S/ 20 cada una.
- Se emitieron 5000 acciones para adquirir un equipo usado que tiene un valor en libros depreciado de S/ 120 000 para el vendedor.
- El Banco del Sur ha transferido la propiedad de terrenos y edificios a San Antonio S. A. Al mismo tiempo, San Antonio convino en aceptar toda la responsabilidad de la primera hipoteca por S/ 80 000 que tiene el Banco del Sur. El valor de la propiedad, según avalúo reciente, es de S/ 40 000 el terreno y S/ 90 000 la construcción.

Se pide:

- Formular los asientos de diario.

7. San Antonio S. A. readquirió en el mercado 40 000 de sus acciones comunes a S/ 45 cada una. Estas acciones tienen un valor nominal de S/ 1 cada una; el precio promedio de emisión fue de S/ 30 cada una.
Se pide:

- Formular el asiento de diario.

8. Veinticinco mil de las acciones readquiridas por San Antonio S. A., según el ejercicio anterior, fueron cambiadas por un terreno sin urbanizar, que tiene un valor de avalúo de S/ 1 450 000. En la fecha en que se hizo el cambio, las acciones se negociaban a S/ 52 cada una en la bolsa de valores.

Se pide:

– Formular el asiento de diario.

9. San Antonio S. A. emite 500 acciones comunes con valor nominal de S/ 10 y 100 acciones preferentes, con valor nominal de S/ 100, por un solo pago de S/ 100 000.

Se pide:

– Formular el asiento de diario para la emisión, suponiendo que el valor de mercado de las acciones comunes es de S/ 184 y el de las preferentes de S/ 230 cada una.
– Formular el asiento de diario para la emisión, suponiendo que solo se conoce el valor de mercado de las acciones comunes, que es de S/ 175 cada una.

10. San Antonio S. A. se estableció con 50 000 acciones preferentes al 9 % con valor nominal de S/ 100 cada una y 100 000 acciones comunes con valor nominal de S/ 25 cada una. Durante el primer año se emitieron 1000 acciones preferentes y 1000 acciones comunes, por un solo pago de S/ 180 000.

Se pide:

– Redactar el asiento de diario respectivo.

11. San Antonio S. A. recibe autorización para emitir 50 000 acciones comunes con valor nominal de S/ 10. Durante 202x, San Antonio tomó parte en las siguientes transacciones seleccionadas:

a. Emitió 5000 acciones a S/ 45, menos S/ 8000 de costos relacionados con la emisión.

b. Emitió 1000 acciones a cambio de un terreno valuado en S/ 50 000. Las acciones se negocian activamente en una bolsa, en aproximadamente S/ 47 en la fecha de emisión.

c. Compró 500 acciones de tesorería a S/ 43. Las acciones de tesorería compradas se habían emitido a S/ 45 cada una.

Se pide:

Formular los asientos de diario respectivos.

12. San Antonio S. A. tiene en circulación 40 000 acciones comunes con valor nominal de S/ 5, que fueron emitidas a S/ 30. Entonces San Antonio participó en las siguientes transacciones:

a. Compra 6000 acciones de tesorería a S/ 40.

b. Reventa de 3000 de las acciones de tesorería a S/ 44.

c. Reventa de 1000 de las acciones de tesorería a S/ 35.

d. Retiro de las demás acciones de tesorería.

13. Las transacciones de San Antonio S. A. con acciones son las siguientes:

1.º de abril se reciben suscripciones a 500 acciones con valor nominal de S/ 100 junto con cheque de los diversos suscriptores para cubrir el 40 % del pago inicial. Las acciones se suscribieron a S/ 120. El resto de las suscripciones se va a cubrir en tres pagos mensuales iguales.

1.º de mayo todos los suscriptores hacen su primer pago mensual.

1.º de junio todos los suscriptores hacen su segundo pago mensual, con excepción de Jorge López, quien había suscrito 100 acciones.

5 de junio en respuesta a una carta de San Antonio, el Sr. López dice que no puede cumplir con sus pagos mensuales y autoriza a la empresa a disponer de las acciones que había suscrito.

17 de junio las acciones que había suscrito el Sr. López se venden al contado a S/ 105. Se gastaron S/ 125 para disponer de estas acciones.

25 de junio se envía por correo un cheque al Sr. López por el reembolso que se le adeudaba.

1.º de julio se reciben los pagos finales de todas las cuentas de suscripciones, y se emiten las acciones.

Se pide:

Formular los asientos de diario respectivos.

14. El 5 de enero de 202x San Antonio S. A. obtuvo la autorización para emitir 5000 acciones preferentes con valor nominal de S/ 100 al 8 %, acumulativas y no participativas, y 50 000 acciones comunes con valor nominal de S/ 10. Posteriormente hizo las siguientes transacciones:

11 de enero acepta suscripciones por 20 000 acciones comunes a S/ 17. Las suscripciones llegaron acompañadas del pago inicial del 40 %.

1.º de febrero emitió a favor de Espinar S. A. 4000 acciones preferentes a cambio de los siguientes activos: maquinaria con un justo valor de mercado de S/ 50 000, un edificio para fábrica con justo valor de mercado de S/ 200 000 y un terreno con precio de avalúo de S/ 190 000.

16 de marzo la empresa recibió en donativo otra maquinaria, con justo valor de mercado de S/ 200 000.

15 de abril cobró el resto de las suscripciones de las acciones comunes y emitió las acciones.

20 de julio compró 1800 acciones comunes a S/ 20.

10 de agosto vendió las 1800 acciones de tesorería a S/ 15.

26 de agosto decretó un dividendo del 10 % a las acciones comunes. El precio de mercado de S/ 16 por acción se usa para registrar los dividendos de las acciones.

15 de septiembre se distribuyen los dividendos de las acciones.

31 de diciembre se decreta un dividendo en efectivo de S/ 0,25 por cada acción común y se decreta el dividendo de las preferentes.

31 de diciembre se cierra la cuenta de resultados. Queda una utilidad neta de S/ 29 000.

Se pide:

a. Registrar los asientos de diario.
b. Preparar la sección de patrimonio del estado de situación financiera.

15. San Antonio S. A. tiene dos clases de acciones en circulación: preferentes al 8 % con un valor nominal de S/ 20, y las comunes con valor nominal de S/ 5. El capital contable al 31 de diciembre de 202x−1 incluyó las siguientes cuentas:

| | |
|---|---|
| 100 000 acciones preferentes | S/ 2 000 000 |
| 2 000 000 acciones comunes | 10 000 000 |
| Capital pagado en exceso del valor nominal- preferentes | 100 000 |
| Capital pagado en exceso del valor nominal- comunes | 28 000 000 |
| Utilidades retenidas | 3 500 000 |

Las siguientes transacciones afectaron al capital contable durante 202x.

1° enero 25 000 acciones preferentes emitidas a S/ 23 por acción.

1° febrero 40 000 acciones comunes emitidas a S/ 21 cada una.

1° julio 30 000 acciones comunes de tesorería compradas a S/ 14.

15 setiembre 10 acciones de tesorería emitidas por segunda vez a S/ 17 cada una. 31 diciembre Utilidad neta s/ 2 100 000.

31 diciembre Se decreta el dividendo de las acciones preferentes y se decreta un dividendo de S/ 0,50 por acción común.

Se pide:

Registrar las operaciones y formular la sección del patrimonio del Estado de situación financiera.

## Utilidades retenidas

Básicamente, el origen de las utilidades retenidas es la utilidad neta de operaciones. En las operaciones de la empresa, son los accionistas quienes asumen los mayores riesgos de las operaciones, y son quienes sufren las pérdidas o participan de las utilidades de sus actividades. Cualquier ingreso no distribuido entre los accionistas se convierte en participación adicional de estos. La utilidad neta se compone de una variedad considerable de fuentes u orígenes, que incluyen las principales operaciones de la empresa, más cualesquiera actividades auxiliares, además de los resultados de partidas extraordinarias y desusadas. Todos estos ingresos dan lugar a utilidades netas, que incrementan las utilidades retenidas.

## Política de dividendos

Tan pronto como se asientan las utilidades retenidas, surgen dos alternativas: el saldo acreedor se puede 1) reducir mediante la distribución de activos (dividendo) a los accionistas, o 2) dejarlo intacto y usar los activos que los compensan en las operaciones del negocio.

Son muy pocas las sociedades anónimas que pagan dividendos por cantidades iguales a sus utilidades retenidas que están legalmente disponibles para dividendos. Las principales razones para ello son las siguientes:

1. Contratos (convenios en bonos) con acreedores específicos, para retener ganancias o parte de ellas (en forma de activos), con el objeto de formar una protección adicional contra posibles pérdidas.

2. El deseo de retener en el negocio los activos que de otra manera se pagarían como dividendos, para financiar el crecimiento o ampliación. Muchas veces a esto se denomina financiamiento interno, reinversión de ganancias o arado de las utilidades en dirección al negocio.

3. El deseo de uniformar los pagos de dividendos, año tras año, acumulando las utilidades de los años buenos y usándolas como base para el pago de dividendos en los años malos.

4. El deseo de construir un colchón o amortiguador contra posibles pérdidas o errores en el cálculo de las utilidades.

Si una sociedad anónima piensa declarar dividendos, se deben hacer las siguientes dos preguntas preliminares:

1. ¿Son legalmente permisibles esos dividendos de acuerdo con la situación de la sociedad?
2. ¿La situación de la sociedad es tal que el pago de dichos dividendos resulta económicamente sólido?

## Legalidad de los dividendos

Para la distribución de dividendos se observarán las reglas siguientes:

1. Solo pueden ser pagados dividendos en razón de utilidades obtenidas o de reservas de libre disposición, y siempre que el patrimonio neto no sea inferior al capital pagado.
2. Todas las acciones de la sociedad, aun cuando no se encuentren totalmente pagadas tienen el mismo derecho al dividendo, independientemente de la oportunidad en que hayan sido emitidas o pagadas, salvo disposición contraria del estatuto o acuerdo de la junta general.
3. Es válida la distribución de dividendos a cuenta, salvo para aquellas sociedades para las que existe prohibición legal expresa.
4. Si la junta general acuerda un dividendo a cuenta sin contar con la opinión favorable del directorio, la responsabilidad solidaria por el pago recae exclusivamente sobre los accionistas que votaron a favor del acuerdo.
5. Es válida la delegación en el directorio de la facultad de acordar el reparto de dividendos a cuenta (art. 230 NLGS)

Si el 20 % del total de los accionistas lo solicita, la distribución de los dividendos se hará en dinero en efectivo hasta por un monto igual a la mitad de las utilidades distribuibles de cada ejercicio (art. 231 NLGS).

Las primas de capital solo pueden ser distribuidas cuando la reserva legal haya alcanzado su límite máximo. Puede capitalizarse en cualquier momento.

Si se completa el límite máximo de la reserva legal con parte de las primas de capital, puede distribuirse el saldo de estas (art. 233 NLGS).

El derecho a cobrar el dividendo caduca a los tres años, a partir de la fecha en que su pago era exigible conforme al acuerdo de declaración de dividendo. Solo en el caso de sociedades anónimas abiertas, el plazo es de 10 años (art. 232 NLGS).

## Situación financiera y distribución de dividendos

La administración de un negocio debe atender otros asuntos además de la legalidad del pago de dividendos. Es necesario tener en cuenta las condiciones económicas, principalmente la liquidez, supongamos la siguiente situación extrema:

Estado de situación financiera

| | | | | |
|---|---|---|---|---|
| Efectivo y equivalente | 100 000 | pasivo corriente | | 60 000 |
| Activo de planta | 460 000 | capital social | 400 000 | |
| | | Utilidades retenidas | 100 000 | 500 000 |
| | 560 000 | | | 560 000 |
| | ====== | | | ====== |

La existencia de pasivo circulante muestra claramente que una parte del efectivo se necesita para satisfacer las deudas actuales conforme se venzan. Asimismo, las necesidades cotidianas como planillas y otros gastos incluidos en el pasivo exigible exigen efectivo. Por consiguiente, antes de decretarse un dividendo, la gerencia debe tener en cuenta la disponibilidad de los fondos para pagarlos.

La NIC 32 Instrumentos Financieros y el Reglamento para la Presentación de Estados Financieros emitido por la Superintendencia de Mercado de Valores disponen que las sociedades anónimas deben revelar su política de dividendos en notas a los estados financieros, indicando:

1) Que tienen utilidades pero que no pagan los dividendos.
2) Que no esperan pagar dividendos en un futuro previsible.

## Tipos de dividendos

Las distribuciones de dividendos se basan en las utilidades acumuladas, es decir, utilidades retenidas, o en otras partidas del patrimonio, como capital adicional pagado. Lo que espera cualquier accionista que recibe un dividendo es que la empresa se haya desempeñado satisfactoriamente y que lo que se le entrega sea la participación suya en la utilidad. Cualquier dividendo que no se base en utilidades retenidas (dividendo por liquidación) se debe describir adecuadamente en el mensaje dirigido a los accionistas, a fin de que no haya malentendidos sobre su origen.

Los tipos de dividendos son los siguientes:

1. Dividendos en efectivo.
2. Dividendos en propiedades.
3. Dividendos liquidados con pagaré.
4. Dividendos de liquidación.
5. Dividendos en acciones.

## 1. Dividendos en efectivo

La Junta General de accionistas vota por la declaración de dividendos y, si este se aprueba, se decretan los dividendos. Antes de pagarlos, se tiene que elaborar una lista actualizada de accionistas. Por ese motivo, siempre transcurre cierto tiempo entre la declaración de los dividendos y su pago. Una resolución aprobada el 1.º de marzo (fecha de declaración) por la Junta General de accionistas puede determinar el pago para el 30 de marzo (fecha de pago) a todos los accionistas registrados el 25 de febrero (fecha de registro).

Un dividendo en efectivo ya declarado es un pasivo, y como el pago por lo general se tiene que hacer muy pronto, es generalmente un pasivo corriente o circulante. Por ejemplo, San Antonio S. A. declaró el 10 de febrero un dividendo en efectivo de S/ 0,50 por acción sobre 1 800 000 acciones, pagadero el 30 de marzo a todos los accionistas que estuvieron registrados el 25 de febrero.

| | S/ | S/ |
|---|---|---|
| ------------------- x ------------------------- | | |
| 59 Resultados acumulados | 900 000 | |
| 591 utilidades retenidas | | |
|   44 Cuentas por pagar a los accionistas (socios, partícipes) y directores. | | 900 000 |
|   4412 dividendos | | |
| ------------------- x ------------------------- | | |

   – En la fecha de registro.
     No se efectúa ningún asiento.
   – En la fecha de pago

| | S/ | S/ |
|---|---|---|
| ------------------- x ------------------------- | | |
| 44 Cuentas por pagar a los accionistas (socios, partícipes) y directores. | 900 000 | |
| 4412 dividendos | | |
|   10 efectivo y equivalente | | 900 000 |
|   104 cuentas corrientes | | |
| ------------------- x ------------------------- | | |

Los dividendos se pueden declarar como un porcentaje del valor nominal, por ejemplo un 6 % para las acciones preferentes, o como una cantidad por acción, como 0,60 por acción como dividendo de las acciones comunes. En el primer caso se multiplica la tasa por el valor nominal de las acciones en circulación para obtener el dividendo total; en el segundo caso se multiplica la cantidad por acción por el número de acciones en circulación. No se declaran ni pagan dividendos sobre acciones de tesorería.

## 2. Dividendos en propiedades

Los dividendos que se pagan en activos de la empresa y no en efectivo, se denominan dividendos en propiedad o dividendos en especie. Los dividendos en propiedad se pueden pagar en mercancías, bienes raíces, inversiones o como la Junta General de accionistas lo decida.

Un dividendo en propiedad es una transferencia no recíproca de activos no monetarios entre una empresa y sus dueños, por lo tanto, se debe registrar al justo valor del activo transferido y se debe reconocer la ganancia o pérdida en la enajenación del activo.

Por ejemplo, San Antonio S. A. declaró el 28 de diciembre unos dividendos pagaderos a sus accionistas en propiedades y transfirió en esa fecha parte de sus inversiones en valores realizables, con un costo de S/ 1 250 000. Los dividendos serían pagados el 30 de enero a los accionistas que estuvieron registrados el 15 de enero. El precio de mercado de esos valores, en la fecha de la declaración, era de S/ 2 000 000.

– En la fecha de declaración

| ----------------- x ----------------- | S/ | S/ |
|---|---|---|
| 11 inversiones financieras | 750 000 | |
| 77 ingresos financieros | | 750 000 |
| (2 000 000-1 250 000) | | |
| ----------------- x ----------------- | | |
| 59 resultados acumulados | 2 000 000 | |
| 591 utilidades retenidas | | |
| 44 cuentas por pagar a los accionistas (socios, partícipes) y directores. | | 2 000 000 |
| 4412 dividendos | | |
| ----------------- x ----------------- | | |

– En la fecha de pago

| ----------------- x ----------------- | S/ | S/ |
|---|---|---|
| 44 cuentas por pagar a los accionistas (socios, partícipes) y directores. | 2 000 000 | |
| 4412 dividendos | | |
| 11 inversiones financieras. | | 2 000 000 |
| ----------------- x ----------------- | | |

## 3. Dividendos liquidados con pagaré

Esto significa que, en vez de liquidar los dividendos, la empresa decide pagarlos en una fecha posterior. El documento que se entrega a los accionistas como dividendo es simplemente un tipo especial de cuentas por pagar. Por ejemplo, San Antonio S. A., cuando estaba escaso de fondos en efectivo, evitó perder su historial de 15 años consecutivos de dividendos declarando, el 27 de mayo, un dividendo por pagar posteriormente, en la forma de pagarés a dos meses, que sumaban S/ 0,80 por acción sobre 2 545 000 acciones en circulación, pagaderos en la fecha de registro, el 5 de junio. Los pagarés causaron intereses a razón de 10 % anual y se vencieron el 27 de julio.

– En la fecha de declaración

| ------------------- X - ---------------------- | S/ | S/ |
|---|---|---|
| 59 resultados acumulados | 2 036 000 | |
| 591 utilidades retenidas | | |
|   44 cuentas por pagar a los accionistas (socios, partícipes) y directores. | | 2 036 000 |
|   4412 dividendo | | |
|   (0,80*2 545 000) | | |
| ------------------- X -------------------- | | |

– En la fecha de pago

| ------------------- X ---------------------- | S/ | S/ |
|---|---|---|
| 44 cuentas por pagar a los accionistas (socios, partícipes) y directores. | 2 036 000 | |
| 4412 dividendos | | |
| 67 gastos financieros (2 036 000*2/12*10) | 33 933 | |
|   10 efectivo y equivalente. | | 2 069 933 |
| ------------------- X ---------------------- | | |

## 4. Dividendos de liquidación

Algunas sociedades anónimas usan el capital pagado como base para el pago de dividendos. De no hacerse la debida exposición de este hecho, los accionistas podrían creer erróneamente que la empresa ha estado operando con utilidades. Este tipo de engaño, intencional o no, se puede evitar exigiendo que cada cheque de dividendos vaya acompañado de una clara explicación del origen del dividendo.

Muchas veces, los dividendos que no se obtienen de las utilidades retenidas se describen como dividendos de liquidación, lo que implica que se trata de una devolución de la inversión del accionista y no de las utilidades. Sin embargo, en un sentido más general, todo dividendo que no se base en utilidades debe ser una reducción del capital pagado de la sociedad anónima y, hasta ese punto, es un dividendo de liquidación. Por ejemplo, San Antonio S. A. decretó un dividendo a los tenedores de sus acciones comunes por S/ 1 200 000. El anuncio de dividendo en efectivo indicó que se debían considerar S/ 900 000 como utilidad y el resto como devolución de capital.

– En la fecha de declaración

| ------------------- x ------------------- | S/ | S/ |
|---|---|---|
| 59 resultados acumulados | 900 000 | |
| 591 utilidades retenidas | | |
| 52 capital adicional | 300 000 | |
|   44 cuentas por pagar a los accionistas (socios, partícipes) y directores. | | 1 200 000 |
|   4412 dividendo | | |
| ------------------- x ------------------- | | |

– En la fecha de pago

| ------------------- x ------------------- | S/ | S/ |
|---|---|---|
| 44 cuentas por pagar a los accionistas (socios, partícipes) y directores | 1 200 000 | |
| 4412 dividendos | | |
|   10 efectivo y equivalente | | 1 200 000 |
| ------------------- x ------------------- | | |

# 5. Dividendos en acciones

Si la gerencia desea capitalizar (es decir clasificar las utilidades como capital aportado) una parte de las utilidades y de esta manera retener ganancias en el negocio de manera permanente, puede emitir un dividendo en acciones. En estos casos no se distribuyen activos, cada accionista mantiene el mismo interés proporcional en la sociedad anónima, y el valor en libros después de emitido el dividendo en acciones es el mismo que antes de ser declarado. Ejemplo, supongamos que la Sociedad San Antonio S. A. tiene en circulación 1000 acciones con valor nominal de S/ 100, y un saldo de S/ 50 000 en utilidades retenidas. Si se decreta un dividendo del 10 % del valor de las acciones, se emiten 100 acciones más y se distribuyen entre los accionistas actuales. Si se supone que el justo valor de las acciones en la fecha de reparto del dividendo es de S/ 130 cada una.

— En la fecha de declaración

| | S/ | S/ |
|---|---|---|
| ------------------- X ------------------------ | | |
| 59 resultados acumulados | 13 000 | |
| 591 utilidades retenidas | | |
|   52 capital adicional | | 3000 |
|   44 cuentas por pagar a los accionistas (socios, partícipes) y directores. | | 10 000 |
|   4412 dividendo | | |
| ------------------- X ------------------------ | | |

– En la fecha de distribución

| ------------------- x ------------------- | S/ | S/ |
|---|---|---|
| 44 cuentas por pagar a los accionistas (socios, partícipes) y directores. | 10 000 | |
| 4412 dividendos | | |
| 50 capital | | 10 000 |
| 501 capital social | | |
| ------------------- x ------------------- | | |

## Efectos de las preferencias de dividendos

Supóngase que en un determinado año se distribuirán S/ 50 000 como dividendos en efectivo, que las acciones comunes en circulación tiene un valor nominal de S/ 400 000 y las acciones preferentes del 6 % tienen un valor nominal de S/ 100 000, los dividendos se pagarán a cada clase de acciones como se indica a continuación:

1. Si las acciones preferentes son no acumulativas y no participantes:

| | Preferentes | Comunes | Total |
|---|---|---|---|
| 6 % de S/ 100 000 | 6000 | | 6000 |
| El resto a las acciones comunes | | 44 000 | 44 000 |
| Totales | 6000 | 44 000 | 50 000 |

2. Si las acciones preferentes son acumulativas y no participantes, y si no se pagaron los dividendos a las acciones preferentes en los dos últimos años:

|  | Preferentes | Comunes | Total |
|---|---|---|---|
| Dividendos atrasados 6 % de S/ 100 000 por dos años | 12 000 |  | 12 000 |
| Dividendos de este ejercicio 6 % de S/ 100 000 | 6000 |  | 6000 |
| El resto a las acciones comunes |  | 32 000 | 32 000 |
| Totales | 18 000 | 32 000 | 50 000 |

3 Si las acciones preferentes son no acumulativas y plenamente participantes.

|  | Preferentes | Comunes | Totales |
|---|---|---|---|
| Dividendo del presente año 6 % | 6000 | 24 000 | 30 000 |
| Dividendo participante del 4 % | 4000 | 16 000 | 20 000 |
|  | 10 000 | 40 000 | 50 000 |

Los dividendos de los participantes se determinaron como sigue:

| | |
|---|---|
| Dividendo del presente año | |
| Preferentes 6 % de S/ 100 000 = 6 000 | |
| Comunes 6 % de 400 000 = 24 000 | 30 000 |
| Cantidad disponible para la participación (50 000-30 000) | 20 000 |
| Valor nominal de las acciones que van a participar (100 000 + 400 000) | 500 000 |
| Tasa de participación (20 000/500 000) | 4 % |
| Dividendo de participación | |
| Preferentes 4 % de S/ 100 000 | 4000 |
| Comunes 4 % de S/ 400 000 | 16 000 |
| | 20 000 |

4. Si las acciones preferentes son acumulativas y plenamente participantes y si no se pagaron dividendos a las acciones preferentes en los dos últimos años.

| | Preferentes | comunes | Totales |
|---|---|---|---|
| Dividendos atrasados 6 % de | 12 000 | | 12 000 |
| S/ 100 000 en dos años | 6000 | 24 000 | 30 000 |
| Dividendos de este ejercicio 6 % | | | |
| Dividendo participante 1,6 % | | | |
| (8 000/500 000) | 1600 | 6400 | 8000 |
| Totales | 19 600 | 30 400 | 50 000 |

## Creación de reservas de capital

Existen varias razones para la asignación de utilidades retenidas. Entre ellas se encuentran las siguientes:

1. Restricciones legales. Como las establecidas en el art. 229 de la NLGS, que dispone lo siguiente: un mínimo del 10 % de la utilidad distribuible de cada ejercicio, deducido el impuesto a la renta, debe ser destinado a una reserva legal, hasta que ella alcance un monto igual a la quinta parte del capital. El exceso sobre este límite no tiene la condición de reserva legal.

   Las pérdidas correspondientes a un ejercicio se compensan con las reservas de libre disposición. En ausencia de estas, se compensan con la reserva legal. En este último caso, la reserva legal debe ser repuesta. La sociedad puede capitalizar la reserva legal, quedando obligada a reponerla. La reposición de la reserva legal se hace destinando utilidades de ejercicios posteriores en la forma establecida en este artículo.

2. Restricciones contractuales. Es frecuente que los contratos de bonos exijan la asignación anual de utilidades retenidas en cantidades especificadas durante la vida de los bonos. La asignación creada de acuerdo con esta provisión se llama comúnmente asignación para fondos de amortización o asignación para la deuda contraída en bonos.

3. Existencia de pérdida posible o esperada. Se pueden establecer asignaciones para pérdidas estimadas por juicios legales, obligaciones contractuales desfavorables y otras contingencias.

4. Protección a la posición del capital de trabajo. La junta general de accionistas puede autorizar la creación de una «asignación para capital de trabajo» a partir de las utilidades retenidas, para indicar que la cantidad especificada no está disponible para dividendos porque se desea mantener una posición ventajosa. Otro ejemplo puede ser la decisión tomada para el financiamiento interno de un programa de construcciones. Se crea una «asignación para ampliaciones de la planta» o reserva de reinversión para indicar que las utilidades retenidas por la cantidad asignada no podrán ser consideradas por los consejeros como dinero disponible para dividendos.

Ejemplo:

a Una sociedad anónima obtuvo una utilidad de S/ 50 000, por lo que debe realizarse la reserva legal antes de proceder al pago de dividendos.

| ------------------ x ------------------ | S/ | S/ |
|---|---|---|
| 59 resultados acumulados y directores. | 5000 | |
| 591 utilidades retenidas | | |
| 58 reservas | | 5000 |
| 582 legal | | |
| ------------------ x ------------------ | | |

b. Se va a crear una asignación o reserva para ampliación a la planta, transfiriendo utilidades retenidas por S/ 400 000 anuales durante 5 años. El asiento para cada año será el siguiente:

| ------------------ x ------------------ | S/ | S/ |
|---|---|---|
| 59 resultados acumulados | 400 000 | |
| 591 utilidades retenidas | | |
| 58 reservas | | 400 000 |
| 581 reinversión | | |
| ------------------ x ------------------ | | |

Al termino de los cinco años la asignación o reserva tendrá un saldo de S/ 2000 000. Si suponemos que se ha terminado el plan de ampliación, la asignación no será necesaria y se puede retornar a utilidades retenidas.

| ------------------ x ------------------ | S/ | S/ |
|---|---|---|
| 58 Reservas | 2 000 000 | |
| 581 reinversión | | |
| 59 resultados acumulados | | 2 000 000 |
| 591 utilidades retenidas | | |
| ------------------ x ------------------ | | |

Las reservas que se establezcan deben ser reveladas en notas a los estados financieros.

# Ejercicios sugeridos

1.  San Antonio S. A. tiene autorizadas 30 000 acciones comunes con valor nominal de S/ 10 y 20 000 emitidas y en circulación, el 15 de agosto San Antonio compró 1000 acciones de tesorería a S/ 15 cada una. El 14 de setiembre San Antonio vendió 500 acciones de tesorería a S/ 18 cada una.

En octubre San Antonio declaró y distribuyó 1950 acciones no emitidas, como dividendo en acciones cuando el valor de mercado de las acciones comunes era de S/ 20 cada una.

El 20 de diciembre San Antonio declaró un dividendo en efectivo de S/ 1 por acción, a pagar el 10 de enero a todos los accionistas que estuvieren registrados al 31 de diciembre.

Se pide:

Registrar las operaciones.

2.  los siguientes son ejemplos de transacciones que pueden afectar el capital contable:

    a. Interés ganado sobre un documento por cobrar, acumulado y registrado.

    b. Declaración de un dividendo en efectivo.

    c. Pago del dividendo en efectivo, declarado según el punto anterior.

    d. Registro del aumento del valor de una inversión que se va a distribuir como dividendo en propiedades.

    e. Declaración de un dividendo en propiedades.

    f. Distribución de la inversión a los accionistas.

    g. Registro de intereses acumulados sobre un documento a pagar.

    h. Declaración de un dividendo en acciones.

    i. Distribución del dividendo declarado según el punto h.

j. Registro de vencimiento del seguro, que anteriormente se había registrado como seguro pagado por anticipado.

k. Registro de la reserva legal.

Se pide:

Indicar en la siguiente tabla el efecto de cada una de las transacciones, usando las siguientes claves.

A   = Aumento
D   = Disminución
NE = Ningún efecto.

| Partida | Activo | Pasivo | Capital suscrito | Capital social | Utilidades retenidas | Utilidad neta |
|---------|--------|--------|------------------|----------------|----------------------|---------------|
|         |        |        |                  |                |                      |               |

3. San Antonio S. A. tiene diez millones de acciones comunes emitidas y en circulación. El 2 de enero la Junta General de Accionistas aprobó un dividendo en efectivo de S/ 1,25 por acción, a distribuir entre los accionistas que estuvieren registrados el 14 de enero, el pago se hará el 30 de enero.

Se pide:

Registrar las operaciones.

4. El capital en circulación de San Antonio S. A. se compone de 2000 acciones preferentes al 8 %, con valor nominal de S/ 100 y 5000 acciones comunes con valor nominal de S/ 50.

<u>Instrucciones</u>

Suponiendo que la empresa tuviera utilidades retenidas por S/ 95 000 que se emplearán en su totalidad para pagar dividendos, y que los dividendos de las acciones preferentes no se hubieran pagado durante los dos años anteriores al actual. Decir cuánto recibiría cada clase de acciones en cada una de las siguientes circunstancias.

a. Las acciones preferentes no son acumulativas ni participantes.
b. Las acciones preferentes son acumulativas y no participantes.
c. Las acciones preferentes son acumulativas y participantes.

5. San Antonio S. A. tiene seis millones de acciones emitidas y en circulación. El valor en libros de s/ 30 y el valor de mercado es de S/ 39.

<u>Instrucciones</u>

Formular los asientos de diario necesarios para la fecha de declaración y la fecha de emisión suponiendo que:

a. Se declara un dividendo del 10 % para las acciones.
b. Se declara un dividendo del 50 % para las acciones.
c. Si San Antonio tuviera 500 000 acciones de tesorería ¿se aplicaría el dividendo en acciones a ella? Explicar.

6. la siguiente información se tomó de las cuentas del estado de situación financiera de San Antonio S. A. al 31 de diciembre:

| | |
|---|---:|
| Activo circulante | S/ 540 000 |
| Inversiones | 624 000 |
| Capital - Acciones comunes (valor nominal S/ 10) | 150 000 |
| Primas (descuentos) de acciones | 20 000 |
| utilidades retenidas | 840 000 |

Se pide:

Formular los asientos de diario teniendo en cuenta las circunstancias siguientes:

a. Se declara y distribuye un dividendo del 10 % cuando el valor es de S/ 38 por cada acción.

b. Se declara un dividendo de S/ 100 000 liquidable con pagaré

c. Se declara un dividendo el 5 de enero y se paga el 25 de enero del mismo año en bonos que se han tenido como inversión; estos últimos tienen un valor en libros de S/ 100 000 y un justo valor de mercado de S/ 140 000.

7. El estado de situación financiera de San Antonio S. A. muestra un capital social de S/ 400 000 que se compone de 4000 acciones de S/ 100 cada una y utilidades retenidas por S/ 148 000. El auditor interno de la empresa descubre que Jack Ríos, tesorero, tiene en sus cuentas un faltante de S/ 83 000 y que lo ha ocultado sumando la cantidad a los inventarios. Él es dueño de 740 acciones de la empresa y las ofrece, a su valor en libros, para reponer el faltante; la oferta es aceptada. La empresa le paga la diferencia y distribuye entre los demás accionistas las 740 acciones así adquiridas.

Se pide:

Registrar las operaciones.

8.   San Antonio S. A. tiene en circulación 2 000 000 de acciones comunes con un valor nominal de S/ 10 cada una. El saldo de la cuenta utilidades retenidas era de S/ 24 000 000 el 1 de enero de 202x y tenía capital adicional de S/ 5 000 000. Durante 202x la utilidad neta de la empresa fue de S/ 5 600 000. El 30 de junio de 202x se pagó un dividendo en efectivo de S/ 0,60 por acción y un dividendo de 6 % en acciones a los accionistas registrados el 31 de diciembre de 202x, fecha de cierre.

Se preguntó el contador cuál es el tratamiento contable correcto para el dividendo en acciones.

Las acciones de la empresa se cotizan en la bolsa de valores nacional. El precio de mercado de las acciones ha sido como sigue:

| | |
|---|---|
| 31 de octubre 202x | S/ 32 |
| 30 de noviembre de 202x | 34 |
| 31 de diciembre de 202x | 39 |
| Precio promedio del periodo de 2 meses | 36 |

Se pide:

Registrar las operaciones.

## Sociedad anónima cerrada simplificada

En nuestro país mediante Decreto Legislativo 1409 se dispuso la constitución de este tipo de sociedad: la misma que puede estar conformada de 2 a 20 personas naturales, quienes son responsables económicamente hasta por el monto de sus aportaciones. Su constitución y actos deben ser inscritos en los registros públicos y supletoriamente deben observar las normas contenidas en la LGS.

# Otras formas societarias

## Sociedades colectivas

Es una asociación de dos o más personas que poseen y administran una empresa para obtener una ganancia.

Entre las características relevantes de este tipo de sociedad se puede mencionar:

**1. Una sociedad colectiva solo requiere un acuerdo entre dos o más personas que deciden organizarse como un negocio.** Sin embargo, el acuerdo de sociedad, al que también se conoce como contrato de asociación, incluye temas como los importes que se van a invertir, los límites de retiro, el reparto de las utilidades y las pérdidas, y la admisión y retiro de socios.

**2. Responsabilidad legal ilimitada.** Los socios son personalmente responsables de las deudas o demandas legales contra la empresa. Por lo tanto, los acreedores pueden tomar los activos personales de los socios si las deudas del negocio superan la inversión de estos en la empresa.

**3. Vida limitada.** Se establece en la escritura de constitución, cuando un socio fallece o se retira, la sociedad colectiva deja de existir.

**4. Capacidad limitada para obtener capital.** La capacidad para captar capital se limita a lo que los socios pueden aportar de recursos personales o a través de préstamos.

Además de las anteriores, las siguientes son algunos aspectos singulares de las sociedades colectivas:

**a. Copropiedad adecuada de la sociedad.** Los bienes invertidos por un socio en una sociedad se convierten en propiedad conjunta de todos los socios. Cuando se disuelve la sociedad, la parte de cada socio de los activos de la sociedad representa el saldo en su cuenta de capital.

**b. Representación mutua.** Cada socio es representante de la sociedad y puede actuar en nombre de ella. Por lo tanto, las responsabilidades asumidas por un socio se transfieren a todos los demás.

**c. Participación en la utilidad.** Las utilidades y las pérdidas netas se distribuyen entre los socios según su acuerdo de sociedad. Si dicho acuerdo no contempla el reparto de utilidades y las pérdidas, estas se dividen por igual entre todos ellos.

## Asiento de apertura

En el registro de las operaciones iniciales en una sociedad colectiva se debe mostrar principalmente las situaciones de los aportes de capital de los socios y de los bienes entregados a la sociedad.

Por lo tanto, se puede presentar las siguientes formas de aportes:

a. Cuando los aportes son íntegros.
b. Cuando los aportes son parciales.

En el caso **a.** que es el más simple se limita a dejar constancia del ingreso en el activo de la empresa los bienes aportados por los socios colectivos y acreditar la cuenta capital social o en forma individualizada (capital social socio xx). Por ejemplo, se ha formado la sociedad colectiva cuya razón social es Enríquez, Anzures, Pérez S.C, cuyos socios han pagado íntegramente en efectivo el importe de sus aportes así:

|  | S/ 900 000 |
| José Enríquez | S/ 900 000 |
| Pedro Anzures | S/ 500 000 |
| Damián Pérez | S/ 500 000 |

| | S/ | S/ |
|---|---|---|
| ------------------ x ------------------ | | |
| 10 efectivo y equivalente | 1 900 000 | |
| 50 capital | | 1 900 000 |
| 501 capital social | | |
| José Enríquez  900 000 | | |
| Pedro Anzures  500 000 | | |
| Damián Pérez  500 000 | | |
| ------------------ x ------------------ | | |

El caso **b.** de aportes parciales es muy frecuente y consiste en que los socios a tiempo de firmar la escritura entregan una suma parcial, comprometiéndose a reintegrar su capital en ciertos plazos que naturalmente son posteriores a la fecha de la escritura. Tomando como referencia el ejemplo anterior supongamos que los socios al firmar la escritura entregan el 50 % del capital en efectivo y el saldo a los 60 días.

| | S/ | S/ |
|---|---|---|
| ---------------------- X ---------------------- | | |
| 14 cuentas por cobrar al personal a los accionistas (socios) directores. | 1 900 000 | |
| 142 accionistas o socios | | |
| 1421 suscripciones por cobrar a socios | | |
| José Enríquez  900 000 | | |
| Pedro Anzures  500 000 | | |
| Damián Pérez  500 000 | | |
| 50 capital | | |
| 501 capital social | | 1 900 000 |
| Por la suscripción del capital social | | |
| ---------------------- X ---------------------- | | |

Cobro:

| | S/ | S/ |
|---|---|---|
| ---------------------- X ---------------------- | | |
| 10 Efectivo y equivalentes | 950 000 | |
| 14 cuentas por cobrar al personal a los accionistas (socios) directores | | 950 000 |
| 142 accionistas o socios | | |
| 1421 suscripciones por cobrar a socios | | |
| José Enríquez  450 000 | | |
| Pedro Anzures  250 000 | | |
| Damián Pérez  250 000 | | |
| | | |
| Por el cobro del 50 % de la deuda. | | |
| ---------------------- X ---------------------- | | |

Sesenta días después. Cobro:

| | S/ | S/ |
|---|---|---|
| ------------------ x ------------------------ | | |
| 10 Efectivo y equivalentes | 950 000 | |
| 14 cuentas por cobrar al personal a los accionistas (socios) directores | | |
| 142 accionistas o socios | | 950 000 |
| 1421 suscripciones por cobrar a socios | | |
| José Enríquez  450 000 | | |
| Pedro Anzures  250 000 | | |
| Damián Pérez  250 000 | | |
| Por el cobro del 50 % restante de la deuda. | | |
| ------------------ x ------------------------ | | |

## Reparto de utilidades

Las utilidades o las pérdidas de la sociedad colectiva se dividen de manera equitativa si no existe un acuerdo entre sus integrantes, o si este no específica cómo se va a llevar a cabo el reparto.

Los métodos más utilizados, se basan en:

1. Los servicios de los socios.
2. Los servicios y las inversiones de los socios.

Ejemplo. San Antonio S.C. al 31 de diciembre, ha obtenido una utilidad de S/ 80 000. Según acuerdo establecido previamente la distribución se realizará de la siguiente manera: 10 % reserva legal, a los socios capitalistas en razón de sus aportes. Para el socio industrial Raúl Panduro, se ha fijado su participación en un 10 % de las utilidades, el mismo que será distribuido antes de efectuar la atribución de utilidades a los socios capitalistas.

Distribución de utilidades

| | | |
|---|---|---|
| Utilidad neta | | 80 000 |
| Reserva legal 10 % | 8 000 | |
| Utilidad socio industrial | 8 000 | 16 000 |
| Utilidad a distribuir | | 64 000 |

| Socio | Capital | Participación | Utilidad |
|---|---|---|---|
| Pérez | 30 000 | 30 % | 19 200 |
| Solis | 50 000 | 50 % | 32 000 |
| Bellota | 20 000 | 20 % | 12 800 |
| | 100 000 | 100 | 64 000 |

| | S/ | S/ |
|---|---|---|
| -------------------- x ------------------------ | | |
| 59 resultados acumulados | 80 000 | |
| 591 utilidades retenidas | | |
| 44 cuentas por pagar a los accionistas (socios, partícipes) y directores. | | 72 000 |
| 4412 dividendos | | |
| Panduro  8000 | | |
| Pérez  19 200 | | |
| Solís  32 000 | | |
| Bellota  12 800 | | |
| 58 reserva | | 8000 |
| 582 legal | | |
| -------------------- x ------------------------ | | |

Por el pago

| ----------------- x ----------------- | S/ | S/ |
|---|---|---|
| 44 cuentas por pagar a los accionistas (socios, partícipes) y directores. | 72 000 | |
| 4412 dividendos | | |
|   Panduro  8000 | | |
|   Pérez  19 200 | | |
|   Solís  32 000 | | |
|   Bellota  12 800 | | |
|   40 tributos, contraprestaciones y aportes al sistema público de pensiones y de salud por pagar | | 3600 |
|   4017 impuesto a la renta | | |
| 10 efectivo y equivalente | | 68 400 |
| 104 cuenta corriente | | |
| ----------------- x ----------------- | | |

## Ejercicios sugeridos

1.  Abajo aparece la posición financiera de la sociedad colectiva formada por Díaz y Fernández.

| Activo | | Pasivo | | |
|---|---|---|---|---|
| Activos corrientes | 65 000 | pasivos | | 50 000 |
| Inm. Maq. Equipo (neto) | 125 000 | capital | | 140 000 |
| | | Díaz | 85 000 | |
| | | Fernández | 55 000 | |

Los socios resuelven admitir al Sr. Estrada como socio nuevo, indicar las partidas necesarias para cada una de las siguientes alternativas.

a. Estrada compra la mitad de la participación de Fernández por S/ 30 000

b. Estrada invierte S/ 70 000 en la sociedad y recibe una tercera parte de la participación en el capital y el ingreso.

2.  Antes de admitir a Gutiérrez en su sociedad colectiva, Salazar y Botero, quienes comparten pérdidas y ganancias por igual, resuelven que: a) el inventario de mercancía registrado en S/ 26 000 debe revaluarse a S/ 29 000: b) cancelar S/ 500 en cuentas por cobrar.

Se pide: efectuar el registro correspondiente.

3.  Los saldos de capital de Alonso, Botero y Cruz S.C. son S/ 30 000, S/ 25000 y S/ 20 000, respectivamente. Alonso dedica las tres cuartas partes del tiempo a la sociedad, Botero medio tiempo y Cruz una cuarta parte del tiempo. Indicar la distribución del ingreso neto de la empresa, que es S/ 37 000, si esta se hace a. a razón del capital invertido, b. a razón del tiempo dedicado.

4.  Carlos Panduro y Jorge Ortega constituyeron una sociedad colectiva. Panduro acepto invertir S/ 12 000 en efectivo y aportar mercaderías valuadas en 32 000. Ortega invierte ciertos activos de su negocio a los avalúos acordados, transfiere pasivos del negocio y aporta efectivo suficiente para llevar su capital total a S/ 80 000, de acuerdo con el detalle siguiente.

|  | Saldo según Libros | Saldo acordado |
|---|---|---|
| Cuentas por cobrar | 18 400 | 14 900 |
| Provisión para cobranza dudosa | 800 | 1000 |
| Equipo | 21 400 | 28 600 |
| Depreciación acumulada equipo | 12 000 | |
| Cuentas por pagar | 6500 | 6500 |
| Documentos por pagar | 4000 | 4000 |

El acuerdo de sociedad incluye las consideraciones siguientes respecto del reparto de las utilidades netas: intereses de 10 % sobre las inversiones originales, provisiones de sueldos para Panduro S/ 36 000 y para Ortega S/ 22 000, y el resto de manera equitativa.

Se pide:

- Efectuar los asientos de diario.
- Elaborar el balance inicial.
- Suponiendo que la sociedad ha obtenido una utilidad neta de S/ 84 000, registrar el reparto de utilidades.

5. Llanos y Álvarez decidieron constituir una sociedad colectiva. Acordaron que el primero invertirá S/ 150 000 en ella, mientras que Álvarez aportará S/ 50 000. Llanos trabajará medio tiempo, y Álvarez lo hará a tiempo completo. Se considera los siguientes planes para el reparto de las utilidades.

a. Reparto igual.
b. En razón de las inversiones originales.
c. En razón del tiempo dedicado al negocio.
d. Intereses de 12 % sobre las inversiones originales y el resto equitativamente.
e. Intereses de 12 % sobre las inversiones originales, provisiones para sueldos de S/ 32 000 para Llanos y de S/ 64 000 para Álvarez, y el resto equitativamente.

Se pide:

En el caso de cada plan determine el reparto de las utilidades netas bajo los supuestos siguientes:

a. Utilidad neta de S/ 105 000.
b. Utilidad neta de S/ 180 000.

## Sociedades comanditarias

En este tipo de sociedades, los socios son de dos clases: uno o más socios gestores o administradores que aportaron capital —pues, si no lo aportaron, solo tendrían el carácter de socios industriales— y tienen las atribuciones y responsabilidades de los socios colectivos. Y otros, que son los comanditarios o capitalistas, que entregan su capital para que los primeros lo administren. Estos socios no son responsables frente a terceros, sino hasta el monto de sus aportes a la sociedad. Por último, la razón social de la empresa será la correspondiente a una colectiva, pero añadida de la abreviación «S. en C.».

La sociedad comanditaria, en cuanto a la forma de aporte de capital, puede organizarse de dos formas:

1. Comandita simple.
2. Comandita por acciones.

En la comandita simple, el socio comanditario forma parte de la empresa con la simple determinación del monto de capital aportado, así como de la forma y los plazos en que será integrado, resultando en consecuencia el único titular de este derecho.

En la comandita por acciones, el capital comanditario está dividido en fracciones o cuotas, por lo que la empresa emite títulos que pueden ser transferidos o no, según lo establecido en la escritura social.

Por ejemplo, se constituye la sociedad «Mercado y Cía S. en C.» con los aportes de Humberto Mercado y Mario Cortez, quienes, en su calidad de socios colectivos, aportan S/ 1 000 000 cada uno, y Rosario Gálvez, en su calidad de socia comanditaria, aporta S/ 3 000 000. Todos los aportes son en efectivo.

| ----------------- x ----------------- | S/ | S/ |
|---|---|---|
| 10 efectivo y equivalentes | 5 000 000 | |
| 50 capital | | 5 000 000 |
| 501 capital social | | |
| Capital colectivo | | |
| Humberto Mercado 1 000 000 | | |
| Mario Cortez  1 000 000 | | |
| Capital comanditario | | |
| Rosario Gálvez  3 000 000 | | |
| ----------------- x ----------------- | | |

Ejemplo suponiendo que Macedo y Beltrán S en C se conforma con los aportes siguientes:

Acciones suscritas y pagadas por los socios colectivos:

Carlos Macedo 500 acciones a S/ 100
Martin Beltrán 500 acciones a S/ 100

Acciones suscritas y pagadas por los socios comanditarios

Luis Pérez 1000 acciones suscritas a S/ 1000
Rosa Llanos 1000 acciones suscritas a S/ 1000

| ----------------- x ----------------- | S/ | S/ |
|---|---|---|
| 14 cuentas por cobrar al personal a los accionistas (socios) directores | 3 000 000 | |
| 142 accionistas o socios | | |
| 1421 suscripciones por cobrar a socios o accionistas | | |
| Socios colectivos 1 000 000 | | |
| Socios comanditarios 1 000 000 | | |
| 50 capital | | |
| 501 capital social | | 3 000 000 |
| Por la suscripción del capital social | | |
| ----------------- x ----------------- | | |

Cobro:

| -------------------- x ------------------------ | S/ | S/ |
|---|---|---|
| 10 efectivo y equivalentes | 3 000 000 | |
| 14 cuentas por cobrar al personal a los accionis- | | |
| tas (socios) directores | | 3 000 000 |
| 142 accionistas o socios | | |
| 1421 suscripciones por cobrar a socios o | | |
| accionistas | | |
| Por el cobro de las acciones suscritas | | |
| -------------------- x ------------------------ | | |

## Transferencia de las participaciones

La cesión de las participaciones de los socios colectivos requiere de la aprobación unánime de los socios colectivos y de la mayoría de los socios comanditarios, calculada en función del capital social.

Para la transferencia de las participaciones de los socios comanditarios se exige la aprobación de la mayoría absoluta computada por personas, de los socios colectivos, asimismo de la mayoría absoluta computada por capitales, de los socios comanditarios.

En la sociedad en comandita por acciones la transmisión de las acciones se encuentra restringida a los socios colectivos, en cambio los socios comanditarios pueden negociar libremente sus acciones.

## Distribución de utilidades

La empresa Martínez S en C ha obtenido una utilidad de S/ 120 000, la misma que acuerda distribuir entre los socios de acuerdo con sus aportes.

| | | |
|---|---|---|
| Utilidad del ejercicio | | S/ 120 000 |
| Reserva legal | | 12 000 |
| Saldo a distribuir | | 108 000 |

| Socio | Capital aportado | % | Utilidad |
|---|---|---|---|
| Iván Martínez | 30 000 | 50 | 54 000 |
| Jenny Silva | 15 000 | 25 | 27 000 |
| Sara Vigo | 15 000 | 25 | 27 000 |
| | 60 000 | 100 | 108 000 |

| | S/ | S/ |
|---|---|---|
| -------------------- x ------------------------ | | |
| 59 resultados acumulados | 120 000 | |
| 591 utilidades retenidas | | |
| 44 cuentas por pagar a los accionistas (socios, partícipes) y directores | | 108 000 |
| 4412 dividendos | | |
| 58 reserva | | 12 000 |
| 582 reserva legal | | |
| -------------------- x ------------------------ | | |

Por el pago

| | S/ | S/ |
|---|---|---|
| -------------------- x ------------------------ | | |
| 44 cuentas por pagar a los accionistas (socios, partícipes) y directores | 108 000 | |
| 4412 dividendos | | |
| 10 efectivo y equivalente | | 08 000 |
| 104 cuenta corriente | | |
| -------------------- x ------------------------ | | |

# Ejercicios sugeridos

1.  J. Caro y B. Lemus han resuelto constituir una sociedad en comandita. Caro (socio colectivo) invierte los siguientes activos por su avalúo acordado y también traslada sus pasivos a la nueva sociedad.

|  | Saldo Libros | Avalúo acordado acordado |
| --- | --- | --- |
| Efectivo y equivalentes | 18 000 | 18 000 |
| Cuentas por cobrar comerciales | 7200 | 7000 |
| Provisión cobranza dudosa | 600 | 500 |
| Mercaderías | 12 200 | 10 000 |
| Inm. Maq. y equipo | 6000 | 4200 |
| Depreciación acumulada | 1000 | |
| Cuentas por pagar comerciales | 3500 | 3500 |
| Obligaciones financieras | 3600 | 3600 |

Lemus (socio comanditario) acepta invertir S/ 26 000 en efectivo. Se pide: registrar la operación.

2.  Las cuentas de capital de J. Pineda (socio colectivo) y G. Sánchez (socio comanditario) muestran saldos de S/ 25 000 para cada uno. E. Camacho entra en la sociedad. ¿Cuáles serían las cuentas necesarias, **a.** Si Camacho comprara la mitad de la inversión de Pineda por S/ 15 000. y **b.** Si Camacho invirtiera S/ 15 000 en la sociedad como socio colectivo?

3.  Los saldos de capital de G. Samudio (socio colectivo) y J. Escobar (socio comanditario) son S/ 20 000 y S/ 30 000, respectivamente. H. Urquiaga y W. Donoso van a entrar a la sociedad en comandita. Urquiaga comprando la mitad de la participación de Escobar por S/ 18 000 y Donoso invirtiendo S/ 10 000 (socio colectivo).

Se pide: registrar la operación anterior.

4. Durante el primer año de operaciones, la S en C Durán, Echeverri (socios colectivos) y Franco (socio comanditario), obtuvo ingresos de S/ 41 400. Preparar los asientos necesarios para cerrar la cuenta de resultados y para distribuir el ingreso neto entre los socios bajo las siguientes suposiciones:

a. Los socios no acordaron un método de distribución de ganancias.
b. Los socios acordaron distribuir ganancias a razón del tiempo dedicado. Durán trabajo tiempo completo, Echeverri tiempo completo y ha Franco se le asignará el 50 % sobre el aporte realizado.
c. Los socios acordaron repartir ganancias a razón del capital invertido (Durán S/ 25 000, Echeverri S/ 20 000 y Franco S/ 15 000).

## Sociedades de responsabilidad limitada

El capital está dividido en participaciones iguales, acumulables e indivisibles, que no pueden ser incorporadas en títulos valores ni denominarse acciones.

Los socios no pueden exceder de 20 y no responde personalmente por las obligaciones sociales.

El capital social está integrado por las aportaciones de los socios. Al constituirse la sociedad el capital debe estar pagado en no menos del 25 % de cada participación y depositado en institución bancaria o financiera a nombre de la sociedad.

La adquisición de alguna participación social por sucesión hereditaria confiere al heredero o legatario, la condición de socio. Sin embargo, el estatuto puede establecer que los otros socios tengan derecho a adquirir dentro del plazo que aquel determine, las participaciones sociales del socio fallecido.

Ejemplo.

1. Con fecha 14 de febrero, se constituye «San Antonio S.R.L.», integrada por las señoras Isabel Cerna Aquino, Nilce Villanueva Montalvo, Gudelia Arrellano Roque aportando un capital social de S/ 60 000 dividido en 2500; 2000 y 1500 participaciones respectivamente de S/ 10 cada uno. Al momento de la celebración de la Escritura pública ante la notaria Ana Sánchez, se efectúa el pago total de las participaciones. El importe de los aportes se deposita en el Banco del Sur.

| -------------------- x ---------------------- | S/ | S/ |
|---|---|---|
| 14 cuentas por cobrar al personal a los accionistas (socios) directores | 60 000 | |
| 142 accionistas o socios | | |
| 1421 suscripciones por cobrar a socios o accionistas | | |
|   50 capital | | 60 000 |
|   501 capital social | | |
| Por la suscripción de participaciones | | |
| -------------------- x ---------------------- | | |
| 10 efectivo y equivalente | 60 000 | |
| 104 cuenta corriente | | |
|   14 cuentas por cobrar al personal a los accionistas (socios) directores | | 60 000 |
|   142 accionistas o socios | | |
|   1421 suscripciones por cobrar a socios o accionistas | | |
| Por el cobro de las participaciones | | |
| -------------------- x ---------------------- | | |

2. San Antonio S.R.L., durante el ejercicio 202x-1, ha obtenido una utilidad de S/ 50 000. Se acuerda efectuar la siguiente distribución.

10 % de reserva legal

El saldo será distribuido en razón a los aportes efectuados.

| | S/ | S/ |
|---|---|---|
| -------------------- x ----------------------- | | |
| 59 resultados acumulados | 50 000 | |
| 591 utilidades retenidas | | |
|   44 cuentas por pagar a los accionistas (socios, partícipes) y directores. | | 45 000 |
|   4412 dividendos | | |
|   58 reserva | | 5000 |
|   582 reserva legal | | |
| -------------------- x ----------------------- | | |
| 44 cuentas por pagar a los accionistas (socios, partícipes) y directores | 45 000 | |
| 4412 dividendos | | |
|   10 efectivo y equivalente | | 45 000 |
|   104 cuenta corriente | | |
| -------------------- x ----------------------- | | |

## Ejercicios sugeridos

1. Se presentan a continuación los saldos del balance de comprobación después del cierre de dos negocios particulares:

| | Co. Ana | | Co. Zoila | |
|---|---|---|---|---|
| | Db | Cr | Db | Cr |
| Efectivo y equivalente | 9500 | | 6000 | |
| Cuentas por cobrar comerciales | 15 000 | | 23 000 | |
| Prov. cobranza dudosa | | 2500 | | 4000 |
| Mercaderías | 28 000 | | 17 000 | |
| Equipo | 50 000 | | 30 000 | |
| Depreciación acumulada | | 24 000 | | 13 000 |
| Letras por pagar | | 20 000 | | |
| Cuentas por pagar comerciales | | 25 000 | | 37 000 |
| Capital | | 31 000 | | 22 000 |

Ana y Zoila deciden formar «Ana y Zoila S.R.L.» con sus activos, previamente valuados:

|  | Co Ana | Co Zoila |
|---|---|---|
| Cuentas por cobrar comerciales | 15 000 | 23 000 |
| Provisión de cobranza dudosa | 3500 | 5000 |
| Mercaderías | 32 000 | 24 000 |
| Equipo (neto) | 31 000 | 18 000 |

Todo el efectivo se transfiere a la S.R.L., la cual asumirá los pasivos de los dos negocios. Además, se acuerda que Ana invertirá S/ 3000 en efectivo y Zoila S/ 13 000.

Se pide:

- Preparar los asientos de aportes.
- Preparar el estado de situación inicial de la S.R.L.

2. Se presentan a continuación los saldos del balance de comprobación después del cierre de dos negocios particulares:

|  | Co. Bertha | | Co. Yolanda | |
|---|---|---|---|---|
|  | Db | Cr | Db | Cr |
| Efectivo y equivalente S/ | 14 000 | | 12 000 | |
| Cuentas por cobrar comerciales | 17 50 | | 26 000 | |
| Prov. Cobranza dudosa | | 3000 | | 4400 |
| Mercaderías | 26 500 | | 18 400 | |
| Equipo | 45 000 | | 29 000 | |
| Depreciación acumulada | | 24 000 | | 11 000 |
| Letras por pagar | | 20 000 | | 15 000 |
| Cuentas por pagar comerciales | | 20 000 | | 31 000 |
| Capital | | 36 000 | | 24 000 |

Bertha y Yolanda deciden formar «Bertha y Yolanda S.R.L.» con sus activos, previamente valuados:

|  | Co. Bertha | Co. Yolanda |
|---|---|---|
| Cuentas por cobrar comerciales | 17 500 | 26 000 |
| Provisión de cobranza dudosa | 4500 | 4000 |
| Mercaderías | 30 000 | 20 000 |
| Equipo (neto) | 23 000 | 18 000 |

Todo el efectivo se transfiere a la S.R.L., la cual asumirá los pasivos de los dos negocios. Además, se acuerda que Bertha invertirá S/ 5000 en efectivo y Yolanda S/ 19 000.

Se pide:

- Preparar los asientos de aportes.
- Preparar el estado de situación inicial de la S.R.L.

3. Bertha y Yolanda S.R.L., durante el ejercicio 202x-1 ha obtenido una utilidad de S/ 80 000. Se acuerda efectuar la siguiente distribución.

10 % de reserva legal

El saldo será distribuido en razón a los aportes efectuados. Se pide: registrar la distribución de utilidades.

## Sociedades civiles

Es una organización de personas que proviene de un contrato, los que aportan bienes y/o servicios desarrollando su actividad, mediante el ejercicio personal de una profesión, oficio, pericia, practica u otro tipo de actividades personales por alguno, algunos o todos los socios para un fin común de carácter económico. La sociedad civil puede ser:

## Sociedad civil ordinaria

Los socios responden personalmente y en forma subsidiaria, con beneficio de exclusión, por las obligaciones sociales y lo hacen, salvo pacto distinto, en proporción a sus aportes.

Es decir, cuando sea insuficiente el patrimonio de la sociedad para responder por las deudas sociales se le puede exigir a cada socio una proporción de la deuda impaga, acorde como aparezca en el pacto celebrado entre los socios sobre la participación de cada uno en las pérdidas.

También se otorga a los socios de las sociedades civiles ordinarias el beneficio de exclusión. Lo cual permite al socio demandado exigir la previa exclusión del patrimonio social, es decir, no se puede exigir el pago al acreedor sin que previamente los acreedores no hayan ejercitado las acciones de cobro, respecto de los bienes de la sociedad.

## Sociedad civil de responsabilidad limitada

Los socios no pueden exceder de treinta, no responden personalmente por las deudas sociales.

Esta clase de sociedades persigue la obtención de un beneficio, lo que a su vez las distingue de las asociaciones (no tienen por finalidad obtener beneficios, cuya actividad no debe ser empresarial ni comercial ni perseguir fines de lucro).

El otro elemento de esta sociedad es la actividad que debe ser de carácter personal, se trate de una profesión oficio y en general cualquier actividad siempre que sea realizada de manera personal.

Para el desarrollo de la actividad profesional, dentro de esta clase de sociedades se deberá tener en cuenta los requisitos para el ejercicio individual de la profesión tales como el correspondiente título, tener en cuenta las normas particulares para cada profesión, que pueden ser la inscripción en el colegio profesional, no estar impedido para ejercer, entre otros.

## Capital social

El capital de la sociedad civil debe estar íntegramente pagado al tiempo de la celebración del pacto social.

Las participaciones de los socios, no puede ser incorporadas en títulos valores, ni denominarse acciones. Ningún socio puede transferir a otra persona, sin el consentimiento de los demás, la participación que tenga en la sociedad, ni tampoco sustituirse en el desempeño de la profesión.

## Utilidades y pérdidas

Las utilidades o pérdidas se dividen entre los socios de acuerdo con lo establecido en el pacto social, y a falta de estipulación en proporción a sus aportes. En este último caso y salvo estipulación diferente, corresponde al socio que solo pone su profesión u oficio un porcentaje igual al valor promedio de los aportes de los socios capitalistas.

Ejemplo

1.  Con fecha 2 de febrero se constituye Zanoni, Heraldez y Sánchez Sociedad civil de responsabilidad limitada, interviniendo como socios los señores José Zanoni Revilla, quien aporta computadoras valorizada en S/ 5000, Carlos Heraldez Enriquez quien aporta en efectivo S/ 10 000 y Carlos Sánchez Villena quien aporta en efectivo S/ 3000 interviene como socia industrial la señora Eva Espinoza Miguel, quien presta sus servicios en Derecho Internacional comparado.

| | S/ | S/ |
|---|---|---|
| -------------------- x ------------------------ | | |
| 14 cuentas por cobrar al personal a los accionistas (socios) directores | 18 000 | |
| 142 accionistas o socios | | |
| 1421 suscripciones por cobrar a socios o accionistas | | |
| 50 capital | | 18 000 |
| 501 capital social | | |
| Por la suscripción de aportaciones | | |
| -------------------- x ------------------------ | | |
| 10 efectivo y equivalente | 13 000 | |
| 104 cuenta corriente | | |
| 33 propiedad planta y equipo | 5 000 | |
| 14 cuentas por cobrar al personal a los accionistas (socios) directores | | |
| 142 accionistas o socios | | 18 000 |
| 1421 suscripciones por cobrar a socios o accionistas | | |
| Por el cobro de las aportaciones | | |
| -------------------- x ------------------------ | | |

2. Zanoni, Heraldez y Sánchez Sociedad civil de responsabilidad limitada, ha obtenido una utilidad de S/ 102 000, las utilidades se distribuirán en proporción a los aportes; asimismo se acuerda efectuar una reserva legal de S/ 2000.

Cálculo del socio industrial 18 000/3 = 6000 de aportes.

| | S/ | S/ |
|---|---|---|
| ------------------ x ------------------ | | |
| 59 resultados acumulados | 102 000 | |
| 591 utilidades retenidas | | |
|    44 cuentas por pagar a los accionistas (socios, partícipes) y directores | | 100 000 |
|    4412 dividendos | | |
|    58 reserva | | 2000 |
|    582 reserva legal | | |
| Por la distribución de utilidades | | |
| ------------------ x ------------------ | | |
| 44 cuentas por pagar a los accionistas (socios, partícipes) y directores | 100 000 | |
| 4412 dividendos | | |
|    10 efectivo y equivalente | | 100 000 |
|    104 cuenta corriente | | |
| Por el pago de utilidades | | |
| ------------------ x ------------------ | | |

# CAPÍTULO III
# Reorganización de sociedades

Es el conjunto de operaciones societarias mediante la cual una empresa individual o societaria puede adoptar cualquiera de las organizaciones societarias reguladas en la nueva ley general de sociedades, tales como transformación, fusión, escisión.

## Aspectos tributarios

### Información a SUNAT (TUPA)

Se exige la presentación de un escrito en el cual se efectúa la comunicación de la fecha de entrada en vigor del acuerdo de la escisión o demás formas de reorganización de sociedades o empresas.

De igual modo se solicita la exhibición del original y presentar la fotocopia del acuerdo o escritura pública de escisión o demás formas de reorganización.

El plazo de presentación es de 10 días hábiles de producido el hecho.

### Modificación de la ficha RUC

De acuerdo con el art. 25 de la R. Sunat 210-2004 reglamento de la D. Leg. 943 (Ley del Registro Único de Contribuyente) tratándose de escisión y demás formas de reorganización de sociedades o empresas, los contribuyentes y/o responsables o sus representantes legales deberán tener en cuenta lo siguiente:

a. En los casos en que la fecha de entrada en vigor del acuerdo de reorganización sea anterior a la fecha de otorgamiento de la Escritura pública, los contribuyentes y/o responsables o sus representantes legales deberán comunicar dicha fecha dentro de los 10 días hábiles siguientes a la entrada en vigor. De no cumplirse con dicha comunicación en el mencionado plazo se entenderá que la escisión y demás formas de reorganización de sociedades o empresas surtirán efecto en la fecha de otorgamiento de la escritura pública correspondiente.

b. En los casos en que la fecha de entrada en vigor fijada en los acuerdos respectivos sea posterior a la fecha de otorgamiento de la escritura pública, se deberá comunicar a la SUNAT dentro de los 10 días hábiles siguientes a su entrada en vigor.

Se efectuará la solicitud de baja de inscripción del número de RUC, cuando se produzca la extinción de las personas jurídicas y otras entidades inscritas en registros públicos, o disolución cuando esta sea la causal de pérdida de su condición de contribuyente y/o deudor tributario.

## Impuesto a la renta

El Capítulo XIII regula el tema de reorganización de sociedades o empresas.

El texto del art. 103 de la ley determina la reorganización de sociedades o empresas se configura únicamente en los casos de fusión, escisión u otras formas de reorganización, con arreglo a lo que establezca el reglamento. El art. 65 del reglamento señala las formas de reorganización empresarial, dentro de las que se puede encontrar a las siguientes:

a. la reorganización por fusión bajo cualquiera de las dos formas previstas en el art. 344 de la ley 26887 ley general de sociedades.

Por extensión la empresa individual de responsabilidad limitada podrá reorganizarse por fusión de acuerdo con las formas señaladas en el art. 344 de la citad ley, teniendo en consideración lo dispuesto en el inciso b) del art. 67.

b. La reorganización por escisión. por la escisión una sociedad fracciona su patrimonio en dos o más bloques para transferirlos íntegramente a otras sociedades o para conservar uno de ellos, cumpliendo los requisitos y las formalidades previstas en el art. 367 de la ley general de sociedades, tales como:

b.1. primera modalidad de escisión: la división de la totalidad del patrimonio de una sociedad en dos o más bloques patrimoniales, que son transferidos a nuevas sociedades o absorbidos por sociedades ya existentes o ambas cosas a la vez. Esta forma de escisión produce la extinción de la sociedad escindida, o

b.2. segunda modalidad de escisión: la segregación de uno o más bloques patrimoniales de una sociedad que no se extingue y que los transfiere a una o más sociedades nuevas, o son absorbidos por sociedades existentes o ambas cosas a la vez. La sociedad escindida ajusta su capital en el monto correspondiente.

En ambos casos los socios o accionistas de las sociedades escindidas reciben acciones o participaciones como accionistas o socios de las nuevas sociedades absorbentes, en su caso.

c. La reorganización simple: a que se refiere el art. 391 NLGS; así como cualquiera de las modalidades previstas en el art. 392 de la citada ley, excepto la transformación.

Ello implica dos posibilidades de realizar fusión simple:

c.1. fusión simple del art. 391 NLGS: se considera reorganización el acto por el cual una sociedad segrega uno o más bloques patrimoniales y los aporta a una o más sociedades nuevas o existentes, recibiendo a cambio y conservando en su activo las acciones o participaciones correspondientes a dichos aportes.

c.2. Las modalidades previstas en el art. 392 NLGS: se determina que son también formas de reorganización societaria:

1. Las escisiones múltiples, en las que intervienen dos o más sociedades escindidas.
2. Las escisiones múltiples combinadas en las cuales los bloques patrimoniales de las distintas sociedades escindidas son recibidos, en forma combinada, por diferentes sociedades, beneficiarias y por las propias escindidas.
3. Las escisiones combinadas con fusiones, entre las mismas sociedades participantes.
4. Las escisiones y fusiones combinadas entre múltiples sociedades, y
5. Cualquier otra operación en que se combinen transformaciones, fusiones o escisiones.

d. el aporte de la totalidad del activo y pasivo de una o más personas unipersonales, realizado para su titular, a favor de las sociedades reguladas por la NLGS, teniendo con consideración lo dispuesto en el inc. c) del art. 67.

Para efecto de lo dispuesto en el presente artículo se tendrá en consideración la responsabilidad solidaria prevista en el código tributario (art. 16 a 20-A).

El art. 66 del reglamento de la LIR, De las sociedades o empresas que pueden reorganizarse. En relación con lo previsto en el artículo anterior, se entiende por sociedades o empresa a las comprendidas en la NLGS o aquella que la sustituya, así como a las empresas individuales de responsabilidad limitada y a las empresas unipersonales, para los supuestos expresamente señalados.

El texto del art. 67 del reglamento de la LIR establece ciertas limitaciones al proceso de reorganización, precisando los siguientes supuestos:

a. Se entenderá que existe reorganización solo si todas las sociedades y empresas intervinientes, incluyendo en su caso la sociedad o empresa que al efecto se cree, tienen la condición de domiciliadas en el país de acuerdo con lo dispuesto en la ley.

Excepcionalmente se permite la fusión de sucursales extranjeras, siempre que este precedida de sus principales.

b. Las empresas individuales de responsabilidad limitada solo podrán absorber o incorporar empresas individuales de responsabilidad limitada que pertenezcan al mismo titular.

## Inmuebles maquinaria y equipo

De conformidad con lo señalado en el art. 104 de LIR, una vez que se ha producido la reorganización las sociedades o empresas, las parte intervinientes pueden optar, en forma excluyente por siguientes regímenes:

1. si las sociedades o empresas acordaran la revaluación voluntaria de sus activos, la diferencia entre el mayor valor pactado y el costo computable determinado de acuerdo con el D. Leg. 797 y normas reglamentarias estará gravado con el impuesto a la renta, los bienes transferidos, así como los del adquiriente, tendrán como costo computable el valor al que fueron revaluados.

En caso de haberse optado por este régimen las empresas o sociedades que se reorganicen, deben pagar el impuesto por las revaluaciones efectuadas, siempre que las referidas empresas o sociedades se extingan, la determinación y pago del impuesto se realizará por cada una de las empresas que se extinga, conforme a lo dispuesto en el numeral 4 inc. d). del art. 49 del reglamento de LIR (declaración jurada anual de IR, a los tres meses siguientes a la fecha de entrada en vigor la escisión y demás formas de transformación). En este caso el impuesto a la renta será determinado y pagado por la sociedad o empresa que se extingue conjuntamente con la declaración jurada, tomándose en cuenta, al efecto el balance formulado el día anterior al de la entrada en vigor de la fusión o escisión o demás formas de reorganización de sociedades o empresas.

2. Si las sociedades o empresas acordaran la revaluación voluntaria de sus activos, la diferencia entre el mayor valor pactado y el costo computable determinado de acuerdo con el D. Leg. 797 y normas reglamentarias no estarán gravados con el impuesto a la renta, siempre que no se distribuya.

Adicionalmente se deberá tener en cuenta el art. 69 del reglamento de LIR que determina lo siguiente:

Las sociedades o empresas que se reorganicen tendrán en cuenta la siguiente:

a. Aquellas que optaran por el régimen previsto en el numeral 1 del art. 104 de la ley, deberán considerar como valor depreciable de los bienes el valor revaluado menos la depreciación acumulada, cuando corresponda.

Dichos bienes serán considerados nuevos y se les aplicará lo dispuesto en el art. 22 del reglamento.

b.   Aquellas que optaran por el régimen previsto en el numeral 2 o en el numeral 3 del art. 104 de la ley, deberán considerar como valor depreciable de los bienes que hubieran sido transferidos por reorganización, los mismos que hubieran correspondido en poder del transferente, incluido únicamente el ajuste por inflación de acuerdo con lo dispuesto por el D. Leg. 797 y normas reglamentarias.

El art. 70 del reglamento LIR «cuentas de control» indica que los contribuyentes que hubieran optado por acogerse a los regímenes previstos en los numerales 1 o 2 del art. 104 de la ley, deberán mantener en cuentas separadas del activo lo siguiente:

- El valor histórico y sus ajustes por inflación respectivos.
- El mayor valor atribuido a los activos fijos.
- Las cuentas de depreciación serán independientes de cada uno de los conceptos antes indicados.

A tal efecto, el control permanente de activos a que se refiere el inc. f), del art. 22 del reglamento deberá mantener dicha diferencia.

También se debe tener en cuenta lo dispuesto en el art. 75 del reglamento LIR, el cual regula la ganancia proveniente de la reorganización, precisando que la entrega de acciones o participaciones producto de la capitalización del mayor valor previsto en el numeral 2 del art. 104 de la ley no constituye distribución a que se refiere el art. 105 de la ley.

Se presumirá sin admitir prueba en contrario que cualquier reducción de capital que se produzca dentro de los cuatro ejercicios gravables siguientes al ejercicio en el cual se realiza la reorganización constituye una distribución de la ganancia a que se refiere el numeral 2 del art. 104 de la ley hecha con ocasión de una reorganización, excepto cuando dicha reducción se haya producido en aplicación de lo dispuesto en el numeral 4 del art. 216 o en el art. 220 de la NLGS.

La presunción establecida en el párrafo anterior también será de aplicación cuando se produzca la distribución de ganancias no capitalizadas.

Finalmente, el texto del art. 105 de la LIR precisa que en el caso previsto en el numeral 2 del art. 104 de la citada norma, si la ganancia es distribuida en efectivo o en especie por la sociedad o empresa que la haya generado, se considerará renta gravada en dicha sociedad o empresa.

El art. 104 de la LIR en su numeral 3 dispone, en caso que las sociedades o empresas no acordaran la revaluación voluntaria de los activos, los bienes transferidos tendrán para la adquiriente el mismo costo computable que hubiera correspondido atribuirle en poder de la transferente, incluido únicamente el ajuste por inflación a que se refiere el D. Leg. 797 y normas reglamentarias. En este caso no resultará de aplicación lo dispuesto en el art. 32 de la presente ley.

De conformidad con lo dispuesto en el art. 106 LIR, en el caso de la reorganización de sociedades o empresas, el adquiriente no podrá imputar las pérdidas tributarias del transferente.

En caso de que el adquiriente tuviera pérdidas tributarias, no podrá imputar contra la renta de tercera categoría que se genere con posterioridad a la reorganización un monto superior al 100 % de su activo fijo, antes de la reorganización y sin tomar en cuenta la revaluación voluntaria (activo fijo tangible).

## Intangibles

El art. 107 LIR señala, en el caso de la reorganización de sociedades o empresas, el adquiriente conservará el derecho del transferente de amortizar los gastos y el precio de los activos intangibles a que se refiere el art. 37 (gastos preoperativos) y inc. g art. 44 de la ley (que regula el supuesto de la amortización de intangibles) por el resto del plazo y en la forma establecida por dichas normas.

El adquiriente conservará los demás derechos que señale el reglamento.

## Transferencia de derechos en el caso de reorganizaciones

El art. 108 LIR dispone, en la reorganización de sociedades o empresas, para la transmisión de derechos se requiere que la adquiriente reúna las condiciones y requisitos que permitieron al transferente gozar de los mismos.

El reglamento de la ley en los art. 71 y 72, establece la regla siguiente: Por la reorganización de sociedades o empresas, se transmite al adquiriente los derechos y obligaciones tributarias del transferente. Para la transmisión del derecho, se requiere que el adquiriente reúna las condiciones y requisitos que permitieron al transferente gozar de los mismos.

El transferente deberá comunicar tal situación a la SUNAT en la forma, plazo y condiciones que esta entidad señale.

## Transferencia de saldos a favor

El art. 72 del reglamento LIR indica, en el caso de reorganización de sociedades o empresas, los saldos a favor, pagos a cuenta, créditos, deducciones tributarias y devoluciones en general que correspondan a la empresa transferente, se prorratearan entre las empresas adquirientes, de manera proporcional al valor del activo total transferido. Mediante pacto expreso, que deberá constar en el acuerdo de reorganización, las partes pueden acordar un reparto distinto, lo que deberá ser comunicado a la SUNAT en el plazo y forma y condiciones que esta establezca.

En el caso de reorganización de empresas unipersonales a que se refiere el inc d) del art. 65, lo dispuesto en el párrafo anterior solo procederá si todas las empresas unipersonales del mismo titular, incluso aquellas que no se reorganicen, llevan su contabilidad de conformidad con lo dispuesto en el inc. c) del art. 65.

De manera genérica el art. 109 LIR precisa que tratándose de la reorganización de las empresas del estado a que se refiere el D. Leg. 782 y normas ampliatorias y modificatorias serán de aplicación las normas dispuestas en el Capítulo XIII de LIR.

## Impuesto general a las ventas

En el art. 2 de la ley IGV existe una lista de concepto no gravados y en el inciso c) se establece lo siguiente: la transferencia de bienes que se realice como consecuencia de la reorganización de empresas.

En concordancia con esta norma, encontramos en el numeral 7 del art. 2 del Reglamento de LIGV, que para efectos del IGV se entiende por reorganización de empresas:

a. A la reorganización de sociedades o empresas a que se refieren las normas que regulan el impuesto a la renta.
b. Al traspaso en una sola operación a un único adquiriente, del total del activo y pasivos de empresas unipersonales y de sociedades irregulares que no hayan adquirido tal condición por incurrir en las causales de los numerales 5 o 6 del artículo 423 de la ley 26887, con el fin de continuar la explotación de la actividad económica a la cual estaban destinados.

## Impuesto temporal a los activos netos

(Ley 28424 DS 025-2005-EF)

El literal c) del art. 4 del reglamento del ITAN precisa que para efectos de la determinación de la base imponible en el caso de las empresas a que se refiere el segundo párrafo del inc a) del art. 3 de la ley 28424, que hubieran participado en un proceso de reorganización entre el 1 de enero del ejercicio y la fecha de vencimiento para la declaración y pago del impuesto, deberán tener en cuenta lo siguiente:

1. La empresa absorbente o las empresas ya existentes que adquieran bloques patrimoniales de las empresas escindidas, deben determinar y declarar el impuesto en función a sus activos netos que figuren en el balance al 31 de diciembre del ejercicio anterior.

2. Las empresas constituidas por efectos de la fusión o las empresas nuevas adquirientes de bloques patrimoniales en un proceso de escisión, presentarán la declaración a que se refiere el numeral anterior consignando como base imponible el importe cero.

El impuesto que correspondiera a las empresas absorbidas o escindidas por los activos netos que figuren en el balance al 31 de diciembre del ejercicio anterior, será pagado por la empresa absorbente, empresa constituida o las empresas que surjan de la escisión, en la proporción de los activos que se les hubiera transferido. Para efectos de la declaración y pago de este impuesto, la empresa absorbente, empresa constituida o las empresas que surjan de la escisión deberán tener en cuenta lo siguiente:

a) Presentaran en la oportunidad de la presentación de la declaración jurada a que se refiere el numeral 1 y 2 del párrafo anterior, los balances al 31 de diciembre del ejercicio anterior, de las empresas cuyo patrimonio o bloques patrimoniales hayan absorbido o adquirido como producto de la reorganización. La presentación de los referidos balances se efectuará en la forma y condiciones que establezca la SUNAT.

b) El impuesto será pagado en la forma y condiciones que establezca la SUNAT.

El impuesto pagado conforme a los párrafos anteriores se acreditará contra el pago a cuenta del impuesto a la renta de la empresa absorbente, empresa constituida o las empresas que surjan de la escisión, según lo dispuesto por el art. 8 de la ley.

## Libros y registros contables

Todo deudor tributario que modifique su denominación o razón social deberá comunicar a la SUNAT dicho cambio, conforme lo establecido en la Resolución de superintendencia N° 210-2004-SUNAT y normas modificatorias, en el caso de solicitar la baja del RUC, podrá optar por: Cuando no exista la obligación de llevar alguno de los libros o registros electrónicos de acuerdo con la normatividad vigente, los generadores podrán optar por cerrar los mismos.

A efectos de lo señalado en el párrafo anterior, se deberá seleccionar la opción correspondiente que prevea la PLE.

# Transformación de sociedades

Consiste en el cambio experimentado de una sociedad a otro tipo de sociedad o persona jurídica de diferente régimen legal, conservando paradójicamente la misma personalidad jurídica.

La transformación no implica la disolución de la sociedad transformada, su consiguiente liquidación y la sucesiva constitución de otro tipo de sociedad; pues simplemente continúa la misma persona jurídica, aunque modificada en la forma, conservando su anterior sustrato personal y patrimonial.

## Clases de transformación

De acuerdo con el art. 333 de la NLGS, se regulan las clases de transformación siguientes:

– De una sociedad regulada por la NLGS que adopte cualesquiera otra de las formas societarias previstas en la NLGS.

– La de una sociedad regulada por la ley que adopte la forma de cualquier otra persona jurídica (no sociedad) contemplada en las leyes del Perú.

– La de cualquier persona jurídica constituida en el Perú que sin ser sociedad adopte una de las formas societarias reguladas por la NLGS.

– La reorganización de sociedades constituidas en el extranjero (art. 394) y la reorganización de sucursales de sociedades constituidas en el extranjero

## Consecuencias societarias y jurídicas del proceso de transformación

- **Cambio en la responsabilidad de los socios**. De acuerdo con el art. 334 de la NLGS, los socios que en virtud de la nueva forma societaria adoptada asumen responsabilidad ilimitada por las deudas sociales, responden en la misma forma por las deudas contraídas antes de la transformación. La transformación a una sociedad en que la responsabilidad de los socios es limitada, no afecta la responsabilidad ilimitada que corresponde a estos por las deudas sociales contraídas antes de la transformación, salvo en el caso de aquellas deudas cuyo acreedor la acepte expresamente.

- **Codificación de participaciones o derechos.** El art. 335 de la NLGS indica, la transformación no modifica la participación porcentual de los socios en el capital de la sociedad, sin su consentimiento expreso, salvo los cambios que se produzcan como consecuencia del ejercicio del derecho de separación. Tampoco afecta los derechos de terceros emanados de títulos distintos de las acciones o participaciones de capital (acuerdo entre socios y terceros, beneficios de fundadores, opciones y *warrants*), a no ser que sea aceptado expresamente por su titular.

## Requisitos del acuerdo de transformación

El art. 336 se refiere únicamente a los requisitos legales propios del acto de decisión de una transformación, estableciendo al respecto que ella se acuerda cumpliendo con las normas establecidas por la NLGS y el estatuto de la sociedad o de la persona jurídica que se aplican para la modificación de su pacto social o de su estatuto.

Así podemos precisar, la sociedad anónima que desee transformarse debe cumplir con lo dispuesto en los art. 126 y 127 de la NLGS, en tanto que una sociedad colectiva que desee hacerlo debe contar con el consentimiento de la unanimidad de sus socios conforme al art. 268 de la NLGS.

## Publicación del acuerdo

El acuerdo de transformación se publica por tres veces, con cinco días de intervalo entre cada aviso. El plazo para el ejercicio del derecho de separación empieza a contarse a partir del último aviso (art. 337 NLGS).

## Derecho de separación

El acuerdo de transformación da lugar al ejercicio del derecho de separación. Solo pueden ejercer el derecho de separación los socios que en la junta hubiesen hecho constar en acta su oposición al acuerdo, los ausentes, los que hayan sido ilegítimamente privados de emitir su voto y los titulares de acciones sin derecho a voto.

Aquellos acuerdos que den lugar al derecho de separación deben ser publicados por la sociedad, por una sola vez, dentro de los 10 días siguientes a su adopción, salvo aquellos casos en que la ley señale otro requisito de publicación (art. 338 NLGS).

El derecho de separación se ejerce mediante carta notarial entregada a la sociedad hasta el décimo día siguiente a la fecha de publicación del aviso de transformación.

Las acciones o participaciones de quienes hagan uso del derecho de separación se reembolsan al valor que acuerden el socio y la sociedad. De no haber acuerdo, las acciones que tengan cotización en bolsa se reembolsaran al valor de su cotización media ponderada del último semestre. Si no tuvieran cotización, al valor en libros al último día del mes anterior al de la fecha del ejercicio del derecho de separación. El valor en libros es el que resulte de dividir el patrimonio neto entre el número total de acciones.

El valor fijado acordado no podrá ser superior al que resulte de aplicar la valuación que corresponde según lo indicado en el párrafo anterior.

La sociedad debe efectuar el reembolso del valor de las acciones o participaciones en un plazo que no excederá de dos meses contados a partir de la fecha del ejercicio del derecho de separación. La sociedad pagará los intereses compensatorios devengados entre la fecha del ejercicio del derecho de separación y el día del pago, los cuales que serán calculados utilizando la tasa más alta permitida por ley para los créditos entre personas ajenas al sistema financiero. Vencido dicho plazo, el importe del reembolso devengara adicionalmente intereses moratorios.

Si el reembolso indicado en el párrafo anterior pusiese en peligro la estabilidad de la sociedad o esta no tuviese la posibilidad de realizarlo, se efectuará en los plazos y forma de pago que determine el juez a solicitud de esta por el proceso sumarísimo.

Es nulo todo pacto que excluya el derecho de separación o haga más gravoso su ejercicio (art. 200 NLGS).

El ejercicio del derecho de separación no libera al socio de la responsabilidad personal que le corresponda por las obligaciones contraídas antes de la transformación (art. 338 NLGS).

## Balance de transformación (art. 339 NLGS)

La sociedad está obligada a formular un balance de transformación al día anterior a la fecha de la escritura pública correspondiente. No se requiere insertar el balance de transformación en la escritura pública, pero la sociedad debe ponerlo a disposición de los socios y los terceros interesados, en el domicilio social, en un plazo no mayor de treinta días contados a partir de la fecha de la referida escritura pública.

## Escritura pública de transformación (art. 340 NLGS)

Verificada la separación de aquellos socios que ejerciten su derecho o transcurrido el plazo prescrito sin que hagan uso de este derecho, la transformación se formaliza por escritura pública, que contendrá la constancia de la publicación de los avisos referidos en el art. 337.

Es importante precisar que en las sociedades anónimas y otras que guarden similitud, en las cuales la separación de uno o más socios origina una reducción de ese capital, debe darse cumplimiento a los requisitos legales relacionados a las reducciones de capital, pues en las transformaciones no existe el derecho de oposición de los acreedores.

## Fecha de vigencia (art. 341 NLGS)

La transformación entra en vigor al día siguiente de la fecha de la escritura pública respectiva. La eficacia de esta disposición está supeditada a la inscripción de la transformación en el registro.

## Transformación de sociedades en liquidación (art. 342 NLGS)

La regulación de este artículo es de suma importancia, pues norma sobre una situación de hecho, propio de la actualidad económica. Este artículo regula que la sociedad en liquidación puede adoptar el acuerdo de transformarse. Sin embargo, tal situación queda sujeta a las condiciones siguientes:

- Debe revocarse el acuerdo de disolución y liquidación de la persona jurídica.
- El proceso de liquidación debe estar en una etapa en la que aún no se haya iniciado el reparto del haber social entre sus socios.
- Que la liquidación de la sociedad no haya sido consecuencia de alguna de las dos siguientes causas: la declaración de nulidad del pacto social o del estatuto; o el vencimiento del plazo de duración de la persona jurídica.

## Pretensión de nulidad de la transformación (art. 343 NLGS)

La pretensión judicial de nulidad contra una transformación inscrita en el registro solo puede basarse en la nulidad de los acuerdos de la junta general o asamblea de socios de la sociedad que se transforma. La presentación debe dirigirse contra la sociedad transformada.

La pretensión se deberá tramitar en el proceso abreviado.

El plazo para el ejercicio de la pretensión de nulidad de una transformación caduca a los seis meses contados a partir de la fecha de inscripción en el Registro de la escritura pública de transformación.

Ejemplo:

1. El 30 de noviembre de 202x la empresa San Antonio S. R. L. acuerda transformarse en una sociedad anónima con cambio de denominación San Antonio S. A. El socio Carlos Pérez S. no se encuentra conforme con la transformación y ejerce el derecho de separación, por lo cual se le devuelve el interés del socio en la empresa.

La empresa acuerda emitir acciones con un valor nominal de S/ 5 cada una.

Se cuenta con la información financiera siguiente:

**Empresa San Antonio S. R. L.**
**Estado de situación financiera**
**Al 30 de noviembre de 202x**

| Activo | | Pasivo | |
|---|---|---|---|
| Efectivo Eq.Efect | 50 000 | Cuentas por pagar Co.Terceros | 105 000 |
| Ctas por cob. Co.-terceros | 100 000 | Ctas por pag div- terceros | 40 000 |
| Ctas por cob Diveras-terc. | 20 000 | Beneficios soc por pagar | 5000 |
| Mercaderías | 230 000 | Capital | 200 000 |
| Inm.Maq y equipo | 75 000 | Reservas | 10 000 |
| Depreciación | (15 000) | Resultados acumulados | 90 000 |
| | | Utilidad al 30 de noviembre | 10 000 |
| | 460 000 | | 460 000 |
| | ====== | | ====== |

Datos adicionales

    a. La participación de los socios es Alberto Ruiz S/ 80 000; Pablo Casas S/ 60 000 y Carlos Pérez S/ 60 000.

    b. Hasta el 31 de diciembre fecha en que se elabora el balance de transformación, se vendió mercaderías al contado por S/ 50 000, siendo su costo de S/ 30 000.

Se pide: registrar el proceso de transformación.

Desarrollo:

1. Procedemos a registrar en los libros de San Antonio S. R. L. Determinamos la devolución de intereses al socio que se retira.

| Patrimonio | Antes de retiro | Socio 30 % | Después de retiro |
|---|---|---|---|
| Capital | 200 000 | 60 000 | 140 000 |
| Reservas | 10 000 | 3000 | 7000 |
| Resultados acumulados | 90 000 | 27 000 | 63 000 |
| Utilidad del ejercicio-29,5 % | 7050 | 2115 | 4935 |
| | 307 050 | 92 115 | 214 935 |

Procedemos a redactar el asiento contable respectivo:

| | | S/ | |
|---|---|---|---|
| | -------------------- x -------------------- | | |
| 50 | Capital | 60 000 | |
| 58 | Reservas | 3000 | |
| 59 | Resultados acumulados | 27 000 | |
| 44 | Cuentas por pagar a acc. directores | 2115 | |
| 4412 | Dividendos | | |
| 44 | Cuentas por pagar a acc. directores | | 92 115 |
| 4419 | Otras cuentas por pagar | | |
| | -------------------- x -------------------- | | |
| 10 | Efectivo y equivalente de efectivo | 50 000 | |
| 40 | Tributos contraprestaciones por pagar | | 7 627 12 |
| 4011 | IGV | | |
| 70 | Ventas | | 42 372 88 |
| | -------------------- x -------------------- | | |
| 69 | Costo de ventas | 30 000 | |
| 20 | Mercaderías | | 30 000 |
| | -------------------- x -------------------- | | |

Seguidamente elaboramos el balance general, deduciendo o adicionando los registros efectuados.

**Empresa San Antonio S. R. L.**
**Estado de situación financiera**
**Al 31 de diciembre de 202x**

| Activo | | Pasivo | |
|---|---|---|---|
| Efectivo Eq.Efect | 100 000 | Tributos contraprestaciones por pagar | 7 627 12 |
| Ctas por cob. Co.-terceros | 100 000 | Cuentas por pagar Co.Terceros | 105 000 |
| Ctas por cob Diveras-terc. | 20 000 | Ctas por pag div- terceros | 40 000 |
| Ctas por pag a Acc. Directores | 2 115 | Beneficios soc por pagar | 5 000 |
| Mercaderías | 200 000 | Ctas por pag a Acc. Directores | 92 115 |
| Inm.Maq y equipo | 75 000 | Capital | 140 000 |
| Depreciación | (15 000) | Reservas | 7 000 |
| | | Resultados acumulados | 63 000 |
| | | Utilidad al 31 de diciembre | 22 372 88 |
| | 482 115 | | 482 115 |
| | ====== | | ====== |

Registro de transformación

| | | S/ | S/ |
|---|---|---|---|
| | ------------------- x ----------------------- | | |
| 05 | Transformación San Antonio S. A. | 497 115 | |
| 10 | Efectivo y equivalente de efectivo | | 100 000 |
| 12 | Cuentas por cobrar comerciales- terceros | | 100 000 |
| 17 | Cuentas por cobrar diversas- terceros | | 20 000 |
| 44 | Cuentas por pagar a accionistas y directores | | 2 115 |
| 20 | Mercaderías | | 200 000 |
| 33 | Inmuebles maquinaria y equipo | | 75 000 |
| | Transferencia de activos de San Antonio S. R. L. a San Antonio S. A. | | |
| | ------------------- x ----------------------- | | |
| 40 | Tributos contraprestaciones por pagar | 7627.12 | |
| 42 | Cuentas por pagar comerciales- terceros | 105 000 | |
| 46 | Cuentas por pagar diversas – terceros | 40 000 | |
| 415 | Beneficios sociales por pagar | 5 000 | |
| 44 | Cuentas por pagar a accionistas y directores | 92 115 | |
| 58 | Reservas | 7 000 | |
| 59 | Resultados acumulados | 63 000 | |
| 89 | Utilidad al 31 de diciembre | 22 372.88 | |
| 39 | Depreciación acumulada | 15 000 | |
| 05 | Transformación San Antonio S. A. | | 357 115 |
| | Transferencia de pasivos de San Antonio S. R. L. a San Antonio S. A. | | |
| | ------------------- x ----------------------- | | |
| 50 | Capital | 140 000 | |
| 05 | Transformación San Antonio S. A. | | 140 000 |
| | Cancelación de la cuenta capital de San Antonio S.R.L. y la recepción de acciones de San Antonio S. A. en la forma siguiente: | | |

| Socio | Participación | c/acc.. | Acciones | % |
|---|---|---|---|---|
| Ruiz A. | S/ 80 000 | S/ 5 | 16 000 | 57 |
| Casas P. | S/ 60 000 | S/ 5 | 12 000 | 43 |
| | 140 000 | | 28 000 | 100 |

------------------- x -----------------------

2. Registramos el asiento de apertura en los libros de San Antonio S. A.

DIARIO GENERAL 202x+1

|  | ------------------- 1 ------------------- | S/ | S/ |
|---|---|---|---|
| 10 | Efectivo y equivalente de efectivo | 100 000 | |
| 12 | Cuentas por cobrar comerciales- terceros | 100 000 | |
| 17 | Cuentas por cobrar diversas- terceros | 20 000 | |
| 44 | Cuentas por pagar a accionistas y directores | 2115 | |
| 20 | Mercaderías | 200 000 | |
| 33 | Inmuebles maquinaria y equipo | 75 000 | |
| 40 | Tributos contraprestaciones por pagar | | 7 627 12 |
| 42 | Cuentas por pagar comerciales- terceros | | 105 000 |
| 46 | Cuentas por pagar diversas – terceros | | 40 000 |
| 415 | Beneficios sociales por pagar | | 5000 |
| 44 | Cuentas por pagar a accionistas y directores | | 92 115 |
| 50 | Capital | | 140 000 |
| 58 | Reservas | | 7000 |
| 59 | Resultados acumulados | | 63 000 |
| 89 | Utilidad al 31 de diciembre | | 22 372 88 |
| 39 | Depreciación acumulada | | 15 000 |
| | Asiento de apertura, al inicio de operaciones de San Antonio S. A. | | |
| | ------------------- 2 ------------------- | | |

## Ejercicios sugeridos

1. Con base en los datos del caso anterior, registrar el proceso de transformación, teniendo en cuenta que ningún socio ejerció su derecho de separación.

2. 30 de enero de 202x la empresa Pérez, Paredes y Acuña SC, acuerda transformarse en una sociedad de responsabilidad limitada, cambio de denominación San Antonio S.R.L.

La empresa acuerda emitir participaciones con un valor nominal de S/ 10 cada una.

Se cuenta con la información financiera siguiente:

**Pérez, Paredes y Acuña SC**
**Estado de situación financiera**
**Al 30 de enero de 202x**

| Activo | | Pasivo | |
|---|---|---|---|
| Caja y Bancos | 26 000 | Tributos por pagar | 10 000 |
| Clientes | 90 000 | Remuneraciones por pagar | 5000 |
| Mercaderías | 100 000 | Cuentas por pagar diversas | 5000 |
| Inmuebles maq y equipo | 105 000 | Proveedores | 10 000 |
| Depreciación acumulada | (94 500) | Beneficios sociales | 5000 |
| | | Capital | 100 000 |
| | | Resultados del ejercicio | 1500 |
| Total Activo | 226 500 | Total pasivo y patrimonio | 226 500 |

Datos adicionales

a. Los aportes de los socios son: Alberto Pérez S/ 40 000; Pablo Paredes S/ 30 000 y Carlos Acuña S/ 30 000.

b. Hasta el 01 de marzo fecha en que se elabora el Balance de transformación, se vendió mercaderías al contado por S/ 60 000, siendo su costo de S/ 35 000.

c. El proveedor Comercial Canchis S.R.L., presentó su oposición a la transformación alegando que estaba en riesgo el cobro de S/ 8000 que le adeudaba la sociedad colectiva. El juez en proceso sumario falló a favor de la transformación. Se pide: Registrar el proceso de transformación.

## Fusión

Una fusión representa una forma especial de decisión de inversión de capital. Una empresa adquiere toda la cartera de activos, y a veces también los pasivos, de otra empresa. Una transacción semejante tiene consecuencias legales, fiscales y contables especiales.

- Las empresas tienen diversos motivos para fusionarse, pero una fusión solo puede beneficiar a los accionistas de la adquiriente y también a los accionistas de la empresa adquirida si (1) las dos empresas valen más juntas que separadas (2) el incremento de valor es suficiente para compensar los costos de transacciones en que se incurre. La fusión beneficia a los accionistas de la adquiriente solo si pueden obtener alguna parte de esta ganancia neta.
- Entre los motivos válidos para fusionarse están las eficiencias operativas y economías de escala, los beneficios fiscales, los excedentes de efectivo, un crecimiento más rápido y la obtención de activos de bajo costo.
- Entre los motivos dudosos para fusionarse están la diversificación, la reducción del costo del financiamiento por deuda y el incremento de las ganancias por acción.
- La compradora debe escoger la forma legal que la adquisición adoptará: fusión o consolidación, compra de acciones o compra de activos.
- Una fusión propuesta debe cumplir con las leyes antimonopolios y de valores y con las actas constitutivas de ambas empresas. Una compradora puede fusionarse o

consolidarse con la empresa adquirida, comprar las acciones de esta o comprar solo (una porción de) sus activos.

- La compradora debe evaluar su posición fiscal, la posición fiscal de la empresa adquirida y la posición fiscal de los accionistas de esta última, y decidir si prefiere una transacción libre de impuestos o una transacción gravable.

- En general, a la adquiriente también le preocupa el impacto contable de una adquisición, aunque los indicios disponibles sugieren que la selección del método contable no afecta la valuación. La adquiriente puede escoger entre los tratamientos contables de unión de intereses o de compra. Las compradoras a menudo restringen también el grado de dilución de las ganancias por acción que está dispuesta a aceptar.

- La compradora puede usar un análisis comparativo para determinar una gama de primas por fusión, y un intervalo de precios razonables.

- La compradora puede usar un análisis de flujos de efectivo descontados para evaluar el valor presente neto de la adquisición. También puede (y debería) utilizarse análisis de flujos de caja para determinar el precio máximo que la compradora puede pagar (y que probablemente dependerá de la forma legal y de la situación fiscal de la adquisición).

- La compradora debe decidir cómo quiere pagar la adquisición: efectivo, acciones comunes, otros valores o alguna combinación. Su decisión está restringida por la forma legal de la transacción, la situación fiscal y el tratamiento contable que escoge. Las acciones comunes tienen la ventaja potencial de que los accionistas del objetivo asumen parte del riesgo de que la compradora haya pagado de más.

- Considerando todas las decisiones anteriores y la probable respuesta del objetivo, la adquiriente debe decidir cómo proceder con la transacción: con una oferta directa en efectivo o con una propuesta de fusión amistosa, por ejemplo. Las barreras defensivas que el objetivo ya haya erigido afectan la decisión. Antes de proceder con la transacción, la adquiriente debe cumplir con todos los requisitos legales y de regulación aplicables.
- Una compra apalancada es una adquisición que se financia principalmente pidiendo préstamos asegurados.
- A medida que la transacción procede —o que la batalla por el control se desarrolla— la adquiriente podría tener que alterar algunas de sus decisiones anteriores si ve que sus metas están en conflicto con las de la empresa que desea adquirir. Sin embargo, la adquiriente nunca debe perder de vista el hecho de que su objetivo final es maximizar la riqueza de sus accionistas.

Por la fusión dos o más sociedades se reúnen para formar una sola cumpliendo los requisitos prescritos por la NLGS. Puede adoptar alguna de las siguientes formas:

1. La fusión de dos o más sociedades para constituir una 1nueva sociedad incorporante origina la extinción de la personalidad jurídica de las sociedades incorporadas y la transmisión en bloque, y a título universal de sus patrimonios de la nueva sociedad.

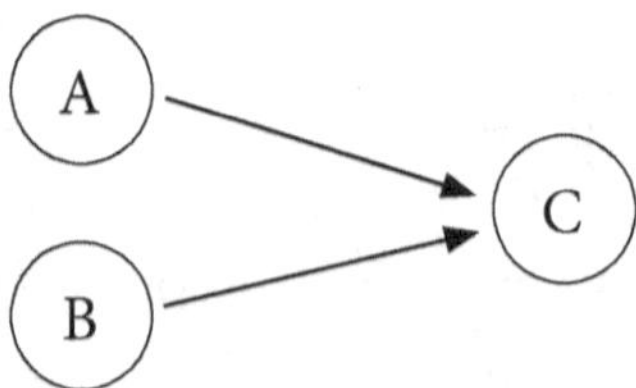

2. La absorción de una o más sociedades por otras sociedades existente origina la extinción de la personalidad
jurídica de la sociedad o sociedades absorbidas. La sociedad absorbente asume, a título universal y en bloque
los patrimonios de las absorbidas.

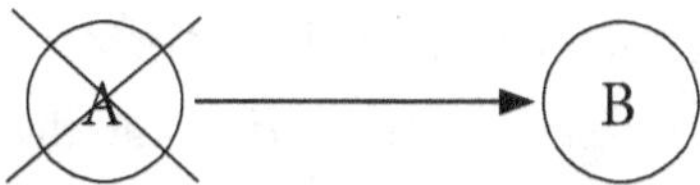


En ambos casos los socios o accionistas de las sociedades
que se extinguen, por la fusión reciben acciones o participaciones como accionistas o socios de la nueva sociedad o de la sociedad absorbente, en su caso.

3. La adquisición de negocios, de acuerdo con lo establecido en la NIIF 3 combinación de negocios.

## Requisitos del acuerdo de fusión

La fusión se acuerda con los requisitos establecidos por la ley y el
estatuto de las sociedades participantes para la modificación de
su pacto social y estatuto (art. 345 NLGS).

No se requiere acordar la disolución y no se liquida la sociedad o sociedades que se extinguen por la fusión.

El directorio de cada una de las sociedades que participan en
la fusión aprueba, con el voto favorable de la mayoría absoluta de
sus miembros, el texto del proyecto de fusión (art. 346 NLGS).

En el caso de sociedades que no tengan directorio, el proyecto de fusión se aprueba por la mayoría absoluta de las personas
encargadas de la administración de la sociedad.

El proyecto de fusión contiene (art. 347 NLGS):

1. La denominación, domicilio, capital y los datos de inscripción en el Registro de las sociedades participantes.
2. La forma de la fusión.
3. La explicación del proyecto de fusión, sus principales aspectos jurídicos y económicos y los criterios de valoración empleados para la determinación de la relación de canje entre las respectivas acciones o participantes de las sociedades participantes en la fusión.
4. El número y clase de las acciones o participaciones que la sociedad incorporante o absorbente debe emitir o entregar y en su caso, la variación del monto del capital de esta última.
5. Las compensaciones complementarias, si fuera necesario.
6. El procedimiento para el canje de títulos, si fuera el caso.
7. La fecha prevista para su entrada en vigor.
8. Los derechos de los títulos emitidos por las sociedades participantes que no sean acciones o participaciones.
9. Los informes legales, económicos o contables contratados por las sociedades participantes, si los hubiere.
10. Las modalidades a las que la fusión queda sujeta, si fuera el caso.
11. Cualquier otra información o referencia que los directores o administradores consideren pertinente consignar.

## Abstención de realizar actos significativos (art. 348 NLGS)

La aprobación del proyecto de fusión por el directorio o los administradores de las sociedades implica la obligación de abstenerse de realizar o ejecutar cualquier acto o contrato que pueda comprometer la aprobación del proyecto o alterar significativamente la relación de canje de las acciones o participaciones, hasta la fecha de las juntas generales o asambleas de las sociedades participantes convocadas para pronunciarse sobre la fusión.

La convocatoria a junta general o asamblea de las sociedades a cuya consideración ha de someterse el proyecto de fusión, se realiza mediante aviso publicado por cada sociedad participante con no menos de diez días de anticipación a la fecha de celebración de la junta o asamblea.

Desde la publicación del aviso de convocatoria, cada sociedad participante debe poner a disposición de sus socios, accionistas, obligacionistas y demás titulares de derechos de créditos o títulos especiales, en su domicilio social los siguientes documentos.

1. El proyecto de fusión.
2. Estados financieros auditados del último ejercicio de las sociedades participantes. Aquellas que se hubiesen constituido en el mismo ejercicio en que se acuerda la fusión presentan un balance auditado cerrado al último día del mes previo al de la aprobación del proyecto de fusión.
3. El proyecto del pacto social y estatuto de la sociedad incorporante o de las modificaciones a los de la sociedad absorbente.
4. La relación de los principales accionistas, directores y administradores de las sociedades participantes.

## Acuerdo de fusión (art. 351 NLGS)

La junta general o asamblea de cada una de las sociedades participantes aprueba el proyecto de fusión con las modificaciones que expresamente se acuerden y fija una fecha común de entrada en vigor de la fusión.

Los directores o administradores deberán informar, antes de la adopción del acuerdo, sobre cualquier variación significativa experimentada por el patrimonio de las sociedades participantes desde la fecha en que se estableció la relación de canje.

El proceso de fusión se extingue si no es aprobado por las juntas generales o asambleas de las sociedades participantes dentro de los plazos previstos en el proyecto de fusión y en todo caso a los tres meses de la fecha del proyecto (art. 352 NLGS).

La fusión entra en vigor en la fecha fijada en los acuerdos de fusión. En esa fecha cesan las operaciones y los derechos y obligaciones de las sociedades que se extinguen, los que son asumidos por la sociedad absorbente o incorporante (art. 353 NLGS).

Sin perjuicio de su inmediata entrada en vigor, la fusión está supeditada a la inscripción de la escritura pública en el Registro, en la partida correspondiente a las sociedades participantes.

La inscripción de la fusión produce la extinción de las sociedades absorbidas o incorporadas, según sea el caso. Por su solo mérito se inscriben también en los respectivos registros, cuando corresponda, la transferencia de los bienes, derechos y obligaciones individuales que integran los patrimonios transferidos.

## Balances (art. 354 NLGS)

Cada una de las sociedades que se extinguen por la fusión formula un balance al día anterior de la fecha de entrada en vigor de la fusión. La sociedad absorbente o incorporante, en su caso, formula un balance de apertura al día de entrada en vigor de la fusión.

Los balances referidos, deben quedar formulados dentro de un plazo máximo de treinta días, contados a partir de la fecha de entrada en vigor de la fusión. No se requiere la inserción de los balances en la escritura pública de fusión: Los balances deben ser aprobados por el respectivo directorio o por el gerente y estar a disposición de los interesados en el domicilio social de la sociedad absorbente o incorporante por no menos de 60 días luego del plazo máximo para su preparación.

## Publicación de los acuerdos (art. 355 NLGS)

Cada uno de los acuerdos de fusión se publica por 3 veces, con 5 días de intervalo entre cada aviso. Los avisos podrían publicarse en forma independiente o conjunta por las sociedades participantes.

## Derecho de separación (art. 355 y 356 NLGS)

Puede ejercitarse el derecho se separación de los socios que no estén de acuerdo con la fusión.

El plazo para el ejercicio del derecho de separación empieza a contarse a partir del último aviso de publicación de los acuerdos de fusión.

El ejercicio del derecho de separación no libera al socio de la responsabilidad personal que le corresponda por las obligaciones sociales contraídas antes de la fusión.

## Escritura pública de fusión (art. 357 NLGS)

La escritura pública de fusión se otorga una vez vencido el plazo de treinta días, contado a partir de la fecha de publicación del último aviso, si no hubiera oposición. Si la oposición hubiese sido notificada dentro del citado plazo, la escritura pública se otorga una vez levantada la suspensión o concluido el proceso que declara infundada la oposición.

La escritura pública de fusión contiene (art. 358 NLGS):

1. Los acuerdos de las juntas generales o asambleas de las sociedades participantes.

2. El pacto social y estatuto de la nueva sociedad o las modificaciones del pacto social y del estatuto de la sociedad absorbente.

3. La fecha de entrada en vigor de la fusión.

4. La constancia de la publicación de los avisos de fusión.

5. Los demás pactos que las sociedades participantes estimen pertinente.

## Derecho de oposición (art. 359 NLGS)

El acreedor de cualquiera de las sociedades participantes tiene derecho de oposición, La oposición se tramita por el proceso sumarísimo, supeditándose la ejecución del acuerdo hasta que la sociedad pague los créditos o garantice a satisfacción del juez, quien procede a dictar la medida cautelar correspondiente.

El ejercicio del derecho caduca a los 30 días de la última publicación de los avisos.

Cuando la oposición se hubiese promovido con mala fe o con notoria falta de fundamento, el juez impondrá al demandante y en beneficio de la sociedad afecta la indemnización por daños y perjuicios que corresponda (art. 360 NLGS).

## Responsabilidad de los socios (art. 361 NLGS)

La responsabilidad es ilimitada por todos los actos asumidos en la sociedad que fue absorbida.

## Otros derechos (art. 362 NLGS)

Los titulares de derechos especiales que nos sean acciones o participaciones de capital disfrutan de los mismos derechos en la sociedad absorbente o en la incorporante, salvo que presten atención expresa o cualquier modificación o compensación de dichos derechos. Cuando la aceptación proviene de acuerdo adoptado por la asamblea que reúne a los titulares de esos derechos, es de cumplimiento obligatorio para todos ellos.

Si la sociedad absorbente es propietaria de todas las acciones o participaciones de las sociedades absorbidas, no es necesario dar las explicaciones, determinar el número de acciones a emitir o las compensaciones complementarias (art. 363 NLGS).

En el caso de sociedades en liquidación, se tendrá que revocar dicho acuerdo, antes de adoptar el acuerdo de fusión (art. 364 NLGS).

## Nulidad de la fusión (art. 365 NLGS)

La presentación judicial de nulidad contra la fusión inscrita en el registro solo puede basarse en la nulidad de los acuerdos de las juntas generales o asambleas de socios de las sociedades que participaron en la fusión. La presentación debe dirigirse contra la sociedad absorbente o contra la sociedad incorporante, según sea el caso. La presentación se deberá tramitar en el proceso abreviado.

El plazo para el ejercicio de nulidad, caduca a los 6 meses contados a partir de la fecha de inscripción en el Registro de la escritura pública de fusión. La declaración de nulidad no afecta la validez de las obligaciones nacidas después de la fecha de entrada en vigor de la fusión. Todas las sociedades que participaron en la fusión son solidariamente responsables de tales obligaciones frente a los acreedores (art. 366 NLGS).

Ejemplo:

La comercial San Antonio S. A., cuyo Estado de Situación Financiera de saldos condensados se muestra a continuación.

**Comercial San Antonio S. A.**
**Estado de Situación Financiera**
**Al 31 de Diciembre de 202x**

| | | |
|---|---:|---:|
| Banco del Sur | S/ 2 900 000 | |
| Muebles y enseres | 500 000 | |
| Existencias | 4 000 000 | |
| Inmuebles | 5 000 000 | |
| Cuentas por cobrar comerciales | 600 000 | |
| Capital social | | 10 000 000 |
|   Socio A (5000 acciones) | 5 000 000 | |
|   Socio B (5000 acciones) | 5 000 000 | |
| Obligaciones financieras | | 2 000 000 |
| Depreciación inmuebles | | 900 000 |
| Depreciación muebles | | 100 000 |

Compra al contado pagando con cheque N°0012 del Banco del Sur S/ 1'800,000, la comercial Cusco S. A., por el valor de los muebles y enseres, existencias y vehículos a su valor en libros, haciéndose al mismo tiempo cargo del pasivo de la empresa. El balance de la Comercial Cusco es el siguiente.

**Comercial Cusco S. A.**
**Estado de Situación Financiera**
**Al 31 de diciembre de 202x**

| | | |
|---|---:|---:|
| Banco del Norte | S/ 200 000 | |
| Muebles y enseres | 200 000 | |
| Existencias | 2 000 000 | |
| Vehículos | 2 000 000 | |
| Obligaciones financieras | | 1 400 000 |
| Cuentas por pagar diversas a terceros | | 1 000 000 |
| Capital social | | 2 000 000 |
| Socio C (1000 acciones) | 1 000 000 | |
| Socio D (1000 acciones) | 1 000 000 | |

Se pide:

Registrar la venta y compra de la empresa

Desarrollo

1. Registramos las operaciones que corresponden a la empresa vendedora

| | | S/ | S/ |
|---|---|---|---|
| | ----------------- x ------------------ | | |
| 05 | Empresa San Antonio S. A. | 4 200 000 | |
| 20 | Mercaderías | | 2 000 000 |
| 33 | Inmuebles maquinaria y equipo | | 2 200 000 |
| | Por la transferencia de activos | | |
| | ----------------- x ------------------ | | |
| 46 | Cuentas por pagar diversas- terceros | 1 000 000 | |
| 45 | Obligaciones financieras | 1 400 000 | |
| 05 | Empresa San Antonio S. A. | | 2 400 000 |
| | Por la transferencia de pasivos | | |
| | ----------------- x ------------------ | | |
| 10 | Efectivo y equivalente de efectivo | 1 800 000 | |
| 05 | Empresa San Antonio S. A. | | 1 800 000 |
| | Cobro por la venta de la empresa | | |
| | ----------------- x ------------------ | | |
| 50 | Capital | 2 000 000 | |
| 10 | Efectivo y equivalente de efectivo | | 2 000 000 |
| | Por el retiro del capital aportado. | | |
| | ----------------- x ------------------ | | |

2. Registros en la empresa compradora o absorbente

| | | S/ | S/ |
|---|---|---|---|
| | -------------------- x ------------------------ | | |
| 20 | Mercaderías | 2 000 000 | |
| 33 | Inmuebles maquinaria y equipo | 2 200 000 | |
| 05 | Comercial Cusco S. A. | | 4 200 000 |
| | Por el activo adquirido en la absorción | | |
| | -------------------- x ------------------------ | | |
| 05 | Comercial Cusco S. A. | 2 400 000 | |
| 46 | Cuentas por pagar diversas-terceros | | 1 000 000 |
| 45 | Obligaciones financieras | | 1 400 000 |
| | Por el pasivo asumido en la absorción | | |
| | -------------------- x ------------------------ | | |
| 05 | Comercial Cusco S. A. | 1 800 000 | |
| 10 | Efectivo y equivalente de efectivo | | 1 800 000 |
| | Pago por la transferencia | | |
| | -------------------- x ------------------------ | | |

En seguida se elabora el balance de fusión.

**Comercial San Antonio S. A.**
**Estado de situación financiera**
**Al 2 de enero de 202x+1**

| | Activo | Pasivo y patrimonio |
|---|---|---|
| Banco del Sur | S/ 1 100 000 | |
| Cuentas por cobrar comerciales | 600 000 | |
| Existencias | 6 000 000 | |
| Vehículos | 2 000 000 | |
| Muebles y enseres | 700 000 | |
| Inmuebles | 5 000 000 | |
| Capital social | | 10 000 000 |
| Socio A | 5 000 000 | |
| Socio B | 5 000 000 | |

| | | |
|---|---|---|
| Obligaciones financieras | | 3 400 000 |
| Cuentas por pagar diversas-terceros | | 1 000 000 |
| Depreciación inmuebles | | 900 000 |
| Depreciación muebles | | 100 000 |
| | 15 400 000 | 15 400 000 |

## Ejercicios sugeridos

1. Con base en los datos del ejemplo anterior, registrar la absorción de la Comercial Cusco S. A., por la Empresa San Antonio S. A.

2. Con base en los datos del caso anterior, registrar la fusión de la Empresa San Antonio S. A., con la Comercial S. A., para dar origen a la Empresa San Jorge S. A.

3. La Empresa San Antonio S. A., adquiere los activos y pasivos de la Comercial Espinar S. A., con ch/n° 0032 del Banco del Sur por S/ 10 000; adicionalmente incurrió en gastos notariales y de registro por S/ 1000 (pagado con ch/. 0033).

A la fecha de transacción 02.01.202x, los balances de las empresas son los siguientes:

| | San Antonio | Co. Espinar |
|---|---|---|
| **Activo** | | |
| Efectivo y eq. efectivo | S/ 1400 | S/ 100 |
| Cuentas por cobrar comerciales | | 200 |
| Mercaderías | 600 | 1800 |
| Gastos pagados por anticipado | 1200 | |
| Inmuebles maquinaria y equipo | 11 200 | 5200 |
| Depreciación acumulada | (400) | (200) |
| Total activo | 14 000 | 7100 |
| | ======= | ======= |

**Pasivo**

| | | |
|---|---:|---:|
| Sobregiros bancarios | 1200 | |
| Cuentas por pagar comerciales | 500 | 300 |
| Otras cuentas por pagar | 2100 | 200 |
| Capital | 10 000 | 6200 |
| Resultados Acumulados | 200 | 400 |
| Total pasivo | 14 000 | 7100 |
| | ====== | ====== |

Por ser una adquisición debe valorarse a valores razonables, para la cual se cuenta con la información siguiente:

Comercial Espinar

| | Valor en libros | Análisis | Valor razonable |
|---|---:|---:|---:|
| Caja bancos | 100 | | 100 |
| Cuentas por cobrar comerciales | 200 | | |
| Gastos de cobranza | | 40 | 160 |
| Mercaderías | 1800 | | |
| A precio de venta de mercado | | 2500 | |
| Gastos de venta | | (200) | |
| Utilidad razonable | | (400) | 1900 |
| Inmuebles maquinaria y equipo | 5000 | | |
| Valor tasado | | | 7200 |
| Cuentas por pagar comerciales | 300 | | 300 |
| Otras cuentas por pagar | 200 | | 200 |

Se pide:

Registrar la compraventa, teniendo en cuenta las normas contenidas en la NLGS, NIIF 3, Ley del Impuesto a la Renta.

3. Con base en los datos del caso anterior, registrar la absorción de la Comercial Espinar S. A., por la Empresa San Antonio S. A.

4. Con base en los datos del ejercicio N° 10, registrar la fusión de la Empresa San Antonio S. A., con la Comercial Espinar S. A., para dar origen a la Empresa San Jorge S. A.

5. Los funcionarios de las Sociedades Anónimas A , B y C han logrado negociar una fusión (mancomunidad de intereses). El canje de acciones ha de efectuarse sobre la base de los valores de mercado de estas, que eran como sigue: A S/ 12. por acción, B S/ 3. por acción; C S/ 4. por acción. No se ha tomado decisión sobre qué sociedad anónima ha de ser la entidad superviviente.

A continuación, se presenta la estructura de capital de cada empresa.

| | | Sociedad anónima | |
| --- | --- | --- | --- |
| Acciones comunes | A | B | C |
| S/ 10 valor nominal | S/ 500 000 | | |
| S/ 5 valor nominal | | S/ 600 000 | |
| S/ 1 valor nominal | | | S/ 240 000 |
| Prima pagado en exceso | | 50 000 | 180 000 |
| Utilidades retenidas | 480 000 | 150 000 | 480 000 |
| | 980 000 | 800 000 | 900 000 |

Se están estudiando los siguientes planes:

Plan 1. La sociedad anónima A ha de ser la superviviente. Los accionistas de la sociedad anónima B han de recibir una acción de la sociedad A por cada cuatro acciones de B. Los accionistas de la sociedad C han de recibir una acción de la sociedad A por cada tres acciones de C.

Plan 2. La sociedad anónima C ha de ser la empresa superviviente. Los accionistas de la sociedad A han de recibir tres acciones de la sociedad C por cada acción de la sociedad A. Los accionistas de la sociedad B han de recibir tres acciones de la sociedad C por cada cuatro acciones de la sociedad B.

Determine la participación de los accionistas de las sociedades supervivientes con cada uno de los planes.

## Escisión

Por la escisión, una sociedad fracciona su patrimonio en dos o más bloques para transferirlos íntegramente a otras sociedades o para conservar uno de ellos, cumpliendo los requisitos y las formalidades prescritas por la NLGS. Puede adoptar alguna de las siguientes formas:

1. La división de la totalidad del patrimonio de una sociedad en dos o más bloques patrimoniales, que son transferidos a nuevas sociedades o absorbidos por sociedades ya existentes o ambas cosas a la vez. Esta forma de escisión produce la extinción de la sociedad escindida.

2. La segregación de uno o más bloques patrimoniales de una sociedad que no se extingue y que los transfiere a una o más sociedades nuevas, o son absorbidas por sociedades existentes o ambas cosas a la vez. La sociedad escindida ajusta su capital en el monto correspondiente (art. 367 NLGS) Se entiende por bloque patrimonial.

    a. Un activo o un conjunto de activos de la sociedad escindida.

    b. El conjunto de uno o más activos y uno o más pasivos de la sociedad escindida.

    c. Un fondo empresarial (art. 369 NLGS).

## Nuevas acciones o participaciones (art. 368 NLGS)

Las nuevas acciones o participaciones que se emitan como consecuencia de la escisión pertenecen a los socios o accionistas de la sociedad escindida, quienes reciben en la misma proporción en que participan en el capital de esta, salvo pacto en contrario.

El pacto en contrario puede disponer que uno o más socios no reciban acciones o participaciones de alguna o algunas de las sociedades beneficiarias.

## Requisitos de acuerdo de escisión (art. 370 NLGS)

La escisión se acuerda con los mismos requisitos establecidos por la ley y el estatuto de las sociedades participantes para la modificación de su pacto social y estatuto.

No se requiere acordar la disolución de la sociedad o sociedades que se extingan por escisión.

El directorio de cada una de las sociedades que participen en la escisión aprueba, con el voto favorable de la mayoría absoluta de sus miembros, el texto del proyecto de escisión.

En el caso de sociedades que no tengan directorio, el proyecto de escisión se aprueba por la mayoría absoluta de las personas encargadas de la administración de la sociedad (art. 371 NLGS)

El proyecto de escisión contiene: (art. 372 NLGS)

1. La denominación, domicilio, capital y los datos de inscripción en el registro de las sociedades participantes.
2. La forma propuesta para la escisión y la función de cada sociedad participante.
3. La explicación del proyecto de escisión. sus principales aspectos jurídicos y económicos, los criterios de valuación empleados y la determinación de la realización de canje entre las respectivas acciones o participaciones de las sociedades que participan en la escisión.

4. La relación de los elementos del activo y del pasivo, en su caso, que correspondan a cada uno de los bloques patrimoniales resultantes de la escisión.
5. La relación del reparto, entre los accionistas o socios de la sociedad escindida o participaciones a ser emitidas por las sociedades beneficiarias.
6. Las compensaciones complementarias, si las hubiese.
7. El capital social y las acciones o participaciones por emitirse, por las nuevas sociedades, en su caso, o la variación del monto del capital de la sociedad o sociedades beneficiarias, si las hubiere.
8. El procedimiento para el canje de los títulos, en su caso.
9. La fecha prevista para su entrada en vigor.
10. Los derechos de los títulos emitidos por las sociedades participantes que no sean acciones o participaciones.
11. Los informes económicos o contables contratados por las sociedades participantes, si los hubiere.
12. Las modalidades a las que la escisión queda sujeta, si fuera el caso.
13. Cualquier otra información o referencia que los directores o administradores consideren pertinentes consignar.

## Abstención de realizar actos significativos (art. 373 NLGS)

La aprobación del proyecto de escisión por los directores o administradores de las sociedades participantes, implica la obligación de abstenerse de realizar o ejecutar cualquier acto o contrato que puede comprometer la aprobación del proyecto o alterar significativamente la relación de canje de las acciones o participaciones, hasta la fecha de las juntas generales o asambleas de las sociedades participantes convocadas para pronunciarse sobre la escisión.

La convocatoria a junta general o asamblea de las sociedades a cuya consideración ha de someterse el proyecto de escisión, se realizara mediante aviso publicado por cada sociedad participante con un mínimo de 10 días de anticipación a la fecha de celebración de la junta o asamblea.

Desde la fecha del aviso de convocatoria, cada sociedad participante debe poner a disposición de sus socios, accionistas, obligacionistas y demás titulares de derechos de crédito o títulos especiales en su domicilio social, los siguientes documentos:

1. El proyecto de escisión.
2. Estados financieros auditados del último ejercicio de las sociedades participantes. Aquella que se hubiese constituido en el mismo ejercicio en el que se acuerda la escisión presentan un balance auditado cerrado al último día del mes previo a la aprobación del proyecto.
3. El proyecto de modificación del pacto social y estatuto de la sociedad escindida; el proyecto del pacto social y estatuto de la nueva sociedad beneficiaria; o, si se trata de escisión por absorción, las modificaciones que se introducen en los de las sociedades beneficiarias de los bloques patrimoniales.
4. La relación de los principales socios, de los directores y de los administradores de las sociedades participantes (art. 374 NLGS).

## Extinción del proyecto (art. 377 NLGS)

El proyecto de escisión se extingue si no es aprobado por las juntas generales o por las asambleas de las sociedades participantes dentro de los plazos previstos en el proyecto de escisión y en todo caso a los tres meses de la fecha del proyecto.

## Fecha de entrada en vigor (art. 378 NLGS).

La escisión entra en vigor en la fecha fijada en el acuerdo en que se aprueba el proyecto de escisión. A partir de esa fecha, las sociedades beneficiarias asumen automáticamente las operaciones, derechos y obligaciones de los bloques patrimoniales escindidos y cesan con respecto a ellos las operaciones, derechos y obligaciones de la o las escindidas, ya sea que se extingan o no.

Sin perjuicio de inmediata entrada en vigor, la escisión está supeditada a la inscripción de la escritura pública en el registro y en las partidas correspondientes a todas las sociedades participantes. La inscripción de la escisión produce la extinción de la sociedad escindida, como este sea el caso. Por su solo mérito se inscriben también en sus registros, cuando corresponda, el traspaso de los bienes, derechos y obligaciones individuales que integran los bloques patrimoniales transferidos.

## Balance de escisión (art. 379 NLGS)

Cada una de las sociedades participantes cierran su respectivo balance de escisión el día anterior al fijado, con la fecha de entrada en vigor de la escisión, con excepción de las nuevas sociedades que se constituyen por razón de la escisión, las que deben formular un balance de apertura al día fijado para la vigencia de la escisión.

Los balances de escisión deben formularse dentro de un plazo máximo de treinta días, contados a partir de la fecha de entrada en vigor de la escisión. No se requiere la inserción de los balances de escisión en la escritura pública correspondiente, pero deben ser aprobados por el respectivo directorio, y cuando éste no existe, el gerente y las sociedades participantes deben ponerlos a disposición de las personas interesadas, en el domicilio social por no menos de sesenta días, luego del plazo máximo para su preparación.

Cada uno de los acuerdos de escisión se publican por tres veces, con cinco días de intervalos entre cada aviso. Los avisos podrán publicarse en forma independiente o conjunta por las sociedades participantes.

El plazo del ejercicio del derecho de separación empieza a contarse a partir del último aviso (art. 380 NLGS).

## Escritura pública (art. 381 NLGS)

La escritura pública de escisión se otorga una vez vencido el plazo de treinta días contados desde la fecha de publicación del último aviso, si no hubiera oposición. Si la oposición hubiera sido notificada dentro del citado plazo, la escritura se otorga una vez levantada la suspensión o concluido el procedimiento declarando infundado la oposición.

La escritura pública de escisión contiene: (art. 382 NLGS)

1. Los acuerdos de juntas generales o asambleas de las sociedades participantes.
2. Los requisitos legales del contrato social y estatuto de las nuevas sociedades, en su caso.
3. Las modificaciones del contrato social, del estatuto y del capital social de las sociedades participantes en la escisión, en su caso.
4. La fecha de entrada en vigor de la escisión.
5. La constancia de haber cumplido con los requisitos prescritos.
6. Los demás pactos que las sociedades participantes estimen pertinente.

## Derecho de oposición (art. 383 NLGS)

El acreedor de cualquiera de las sociedades participantes tiene derecho de oposición, el cual se regula por lo dispuesto en el art. 219 NLGS.

Cuando la oposición se hubiere promovido con mala fe o con notoria falta de fundamento, el juez impondrá al demandante, en beneficio de la sociedad afectada por la oposición una penalidad de acuerdo con la gravedad del asunto, así como las indemnizaciones por daños y perjuicios que corresponda (art. 384 NLGS)

## Derecho de separación (art. 385 NLGS)

El acuerdo de escisión otorga a los socios o accionistas de las sociedades que se escindan el derecho de separación previsto en el art. 200 NLGS.

El ejercicio del derecho de separación no libera al socio de la responsabilidad personal que le corresponda por las obligaciones sociales contraídas antes de la escisión.

## Otros derechos (art. 387 NLGS)

Los titulares de derechos especiales en la sociedad que se escinde, que no sean acciones o participaciones de capital, disfrutan de los mismos derechos en la sociedad que los asuma, salvo que presenten su aceptación expresa a cualquier modificación o compensación de esos derechos. Si la aceptación proviene de acuerdo adoptado por la asamblea que reúna a los titulares de dichos derechos, es de cumplimiento obligatorio para todos ellos.

Es aplicable a la escisión de sociedades en liquidación (art. 388 NLGS). Desde la fecha de entrada en vigor de la escisión, las sociedades beneficiarias responden por las obligaciones que integran el pasivo del bloque patrimonial que se les ha traspasado o han absorbido por efecto de la escisión.

Las sociedades escindidas que no se extinguen, solo responden frente a las sociedades beneficiarias por el saneamiento de los bienes que integra el activo del bloque patrimonial transferido, pero no por las obligaciones que integran el pasivo de dicho bloque. Estos casos admiten pacto en contrario.

La pretensión de nulidad contra una escisión inscrita en el registro se rige por lo dispuesto para la fusión (art. 365-366 NLGS).

Ejemplo

La empresa San Antonio S. A. (fabricante y comercializadora) dedicada a la actividad de productos ferreteros y a la fabricación de fierro corrugado y alambrón para construcción, perfiles de acero y otros derivados de hierro y acero. La junta general de accionistas en su reunión de 31 de diciembre de 202x y con vigencia a partir del 01.02.202x+1 acuerda escindir la actividad industrial, creando una nueva sociedad denominada Industrias de Aceros San Antonio S. A. a partir del 01.02.202x+1, por lo que deciden transferir dicho bloque patrimonial al mismo valor en libros y se acuerda fijar como valor nominal de la acción en S/ 10.

Para lo cual se cuenta con la información siguiente:

| Cuentas | Importes al 31.12.2x | Monto transferido |
|---|---|---|
| Activo | | |
| Efectivo y eq. efectivo | 25 000 | 15 100 |
| Cuenta por cob.com- terceros | 105 000 | 63 000 |
| Mercaderías | 110 000 | |
| Productos terminados | 115 000 | 115 000 |
| Materias primas | 35 000 | 35 000 |
| Inmuebles maquinaria y equipo | 200 000 | 178 000 |
| Depreciación acumulada | (40 000) | (35 600) |
| Total | 550 000 | |
| Pasivo | | |
| Cuentas por pagar Comerciales. | 115 000 | 69 000 |
| Cuentas por pagar diversas-terc. | 20 000 | 13 500 |
| Beneficios sociales | 15 000 | |
| Capital | 300 000 | |
| Reservas | 10 000 | |
| Resultados acumulados | 95 000 | |
| Resultados del ejercicio | (5000) | |
| Total | 550 000 | |

Registrar la operación de escisión en ambas empresas.
Desarrollo

1. Registros en libor de la empresa San Antonio S. A. (fabricante y comercializadora)

| | | S/ | S/ |
|---|---|---|---|
| | ------------------- x ----------------------- | | |
| 05 | Industria de Aceros San Antonio S. A. | 406 100 | |
| 10 | Efectivo y eq. efectivo | | 15 100 |
| 12 | Cuenta por cob. com-terceros | | 63 000 |
| 21 | Productos terminados | | 115 000 |
| 24 | Materias primas | | 35 000 |
| 33 | Inmuebles maquinaria y equipo | | 178 000 |
| | Transferencia de activos a Industria de aceros Sn Antonio S. A. | | |
| | ------------------- x ----------------------- | | |
| 39 | Depreciación amortización acumulada | 35 600 | |
| 42 | Cuentas por pagar Comerciales-terceros | 69 000 | |
| 46 | Cuentas por pagar diversas-terceros. | 13 500 | |
| 05 | Industria de Aceros San Antonio S. A. | | 118 100 |
| | Transferencia de pasivos a Industria de aceros Sn Antonio S. A. | | |
| | ------------------- x ----------------------- | | |

Cálculos

| | | | |
|---|---|---|---|
| Total patrimonio | S/ 400 000 | 100 % | |
| Monto neto transferido | 288 000 | 72 % | |
| Monto no transferido | 112 000 | 28 % | |

Determinación de disminución del patrimonio

| | Importe | 72 % |
|---|---|---|
| Capital | 300 000 | 216 000 |
| Reservas | 10 000 | 7200 |
| Resultados acumulados | 95 000 | 68 400 |
| Resultados del ejercicio | (5000) | (3600) |
| | 400 000 | 28800 |

| | | S/ | S/ |
|---|---|---|---|
| | ------------------- x ----------------------- | | |
| 50 | Capital | 216 000 | |
| 58 | Reservas | 7 200 | |
| 59 | Resultados acumulados | 68 400 | |
| 89 | Resultados del ejercicio | | 3 600 |
| 05 | Industrial de aceros San Antonio S. A. | | 288 000 |
| | Por canje de patrimonio por 28,800 acciones para los socios (288 000/10) | | |
| | ------------------- x ----------------------- | | |

## 2. Registros en libros de Industrial de Aceros San Antonio S. A.

### DIARIO GENERAL 202x+1

| | | S/ | S/ |
|---|---|---|---|
| | ------------------- X ------------------------ | | |
| 10 | Efectivo y equivalente de. efectivo | 15 100 | |
| 12 | Cuenta por cob.com-terceros | 63 000 | |
| 21 | Productos terminados | 115 000 | |
| 24 | Materias primas | 35 000 | |
| 33 | Inmuebles maquinaria y equipo | 178 000 | |
| 05 | San Antonio S. A. | | 406 100 |
| | Recepción de activos transferidos por San Antonio S. A. | | |
| | ------------------- X ------------------------ | | |
| 05 | San Antonio S. A. | 118 100 | |
| 39 | Depreciación amortización acumulada | | 35 600 |
| 42 | Cuentas por pagar comerciales-terceros | | 69 000 |
| 46 | Cuentas por pagar diversas-terceros | | 13 500 |
| | Recepción de pasivos transferidos por San Antonio S. A. | | |
| | ------------------- X ------------------------ | | |
| 05 | | | |
| 50 | San Antonio S. A. | 288 000 | |
| | Capital | | 288 000 |
| | por la suscripción y entrega de 28,800 acciones | | |
| | ------------------- X ------------------------ | | |

3. Elaboración de la balance general

**INDUSTRIAL DE ACEROS SAN ANTONIO S. A.**
**Estado de situación financiera**
**Al 2 de febrero de 202x+1**

| | Activo | Pasivo |
|---|---|---|
| Efectivo y equivalente de. Efectivo | 15 100 | |
| Cuenta por cob.com- terceros | 63 000 | |
| Productos terminados | 115 000 | |
| Materias primas | 35 000 | |
| Inmuebles maquinaria y equipo | 178 000 | |
| Depreciación amortización acumulada | | 35 600 |
| Cuentas por pagar Comerciales- terceros | | 69 000 |
| Cuentas por pagar diversas-terceros | | 13 500 |
| Capital | | 288 00 |
| | 406 100 | 406 100 |

## Ejercicios sugeridos

1.  A continuación se presenta el estado de situación financiera de la empresa San Antonio S. A.

**SAN ANTONIO S. A.**
**Estado de situación financiera**
**Al 31 de diciembre de 202x**

**Activo**

| | | |
|---|---|---:|
| Efectivo y equivalente de efectivo | S/ | 44 400 |
| Cuentas por cobrar comerciales | | 88 600 |
|   Menos una provisión de cuentas dudosas S/ 1400 | | |
| Contrato de investigación en curso | | 25 000 |
| Productos terminados | | 62 000 |
| Productos en proceso | | 30 000 |
| Materias primas | | 21 000 |
| Suministros de investigación | | 48 000 |
| Terrenos | | 40 000 |
| Instalaciones de fabricación, menos depreciación | | |
|   Acumulada por S/ 63,000 | | 237 000 |
| Instalaciones de investigación, menos depreciación | | |
|   Acumulada por S/ 45,000 | | 155 000 |
| Investigación y desarrollo. investigaciones de la | | |
| Empresa en curso | | 100 000 |
|       Total | | 851 000 |
| | | ======= |

**Pasivo**

| | |
|---|---:|
| Cuentas por pagar comerciales-fabrica | 65 000 |
| Cuentas por pagar comerciales-investigación | 26 000 |
| Obligaciones a pagar. garantizadas mediante | |
|   Hipoteca sobre las instalaciones de investigación | |
|   Vencimiento el 1 julio 2022 | 120 000 |
| Capital en acciones, S/ 5. valor nominal | 400 000 |
| Utilidades retenidas | 240 000 |
|       Total | 851 000 |
| | ======= |

Además de la propia investigación para su propio negocio, la empresa ha estado realizando un creciente trabajo de

investigación bajo contrato para otras empresas. Los accionistas han votado a favor de una escisión, con objeto de separar de la parte industrial del negocio la propiedad y gerencia de las instalaciones de investigación. Se ha formado una nueva empresa, Investigaciones San Antonio S. A., la cual tiene un capital autorizado de 100 000 acciones de S/ 2. valor declarado cada una.

La empresa Investigaciones San Antonio S. A., se hará cargo de todos los activos y obligaciones identificadas con la actividad de investigación, y efectivo suficiente para atender el pasivo corriente atribuible a la actividad de investigación. El terreno transferido de esta forma a la nueva empresa tiene un costo de S/ 16 000.

Los accionistas han tomado el acuerdo de transferir a la nueva empresa una parte de las utilidades retenidas, basada tal parte en el activo neto traspasado. Los accionistas devolverán a la empresa San Antonio S. A. una de sus acciones de esta empresa por cada acción de Investigaciones San Antonio S. A., emitida a su favor. La empresa San Antonio, contabilizara las acciones recibidas en el canje como acciones en tesorería. Prepare el balance general de cada empresa después de dar efecto a la escisión, con fecha 02 enero 202x+1.

## Otras formas de reorganización

### Reorganización simple (art. 391 NLGS)

Se considera reorganización el acto por el cual una sociedad segrega uno o más bloques patrimoniales y los aporta a una o más sociedades nuevas o existentes, recibiendo a cambio y conservando en su activo las acciones o participaciones correspondientes a dicho aporte.

Son también formas de reorganización societaria (art. 392 NLGS).

1. Las escisiones múltiples, en las que intervienen dos o más sociedades escindidas.
2. Las escisiones múltiples, combinadas en las cuales los bloques patrimoniales de las distintas sociedades escindidas son recibidos, en forma combinada, por diferentes sociedades, beneficiarias y por las propias escindidas.
3. Las escisiones combinadas con fusiones, entre las mismas sociedades participantes.
4. Las escisiones y fusiones combinadas entre múltiples sociedades.
5. Cualquier otra operación en que se combinen transformaciones, fusiones o escisiones.

Las reorganizaciones referidas en los artículos anteriores se realizan en una misma operación, sin perjuicio de que cada una de las sociedades participantes cumplan con los requisitos legales prescritos por la NLGS para cada uno de los diferentes actos que las conforman y de que de cada uno de ellos se deriven las consecuencias que les son pertinentes (art. 393 NLGS).

## Reorganización de sociedades constituidas en el extranjero (art. 394 NLGS).

Cualquier sociedad constituida y con domicilio en el extranjero, siempre que la ley no lo prohíba, puede radicarse en el Perú, conservando su personalidad jurídica y transformándose y adecuando su pacto social y estatuto a la forma societaria que decida asumir en el Perú. Para ello debe cancelar su inscripción en el extranjero y formalizar su inscripción en el registro.

# Reorganización de la sucursal de una sociedad constituida en el extranjero (art. 395 NLGS)

La sucursal establecida en el Perú de una sociedad constituida en el extranjero puede reorganizarse, así como ser transformada para constituirse en el Perú adoptando alguna de las formas societarias reguladas por la NLGS, cumpliendo los requisitos legales exigidos para ellos y formalizando su inscripción en el registro.

Ejemplo

La empresa industrial Cusco S. A. decide agregar a su producción la línea de confitería, para la cual acuerda la escisión por absorción de una parte de los activos de la empresa Dulces y Alimentos S. A. La información que se cuenta al 31.12.202x, es la siguiente:

| Cuentas | Industrial Cusco S. A. | Dulces y alimentos S. A. | Montos transferidos |
|---|---|---|---|
| Activo | | | |
| Efectivo y eq.efec. | 10 000 | 100 000 | |
| Ctas por cob.co. | 70 000 | 200 000 | |
| Produc.terminados | 200 000 | 200 000 | |
| Maquinaria equipo | 1 000 000 | 500 000 | 200 000 |
| Pasivo | | | |
| Ctas por pagar co. | 570 000 | 350 000 | |
| Capital social | | | |
| 580 000 acciones de S/ 1. | 580 000 | | |
| 650 000 acciones de S/ 1. | | 650 000 | |
| Reserva legal | 80 000 | | |
| Utilidad retenida | 50 000 | | |
| Total patrimonio | 710 000 | 650 000 | |

Registrar la presente operación en los libros de ambas empresas.

Desarrollo

1.  Registro en los libros de Dulces y Alimentos.

|    |                                                         | S/      | S/      |
|----|---------------------------------------------------------|---------|---------|
|    | -------------------- x -------------------------------- |         |         |
| 05 | Industrial Cusco S. A.                                   | 200 000 |         |
| 33 | Inmuebles Maquinaria y equipo                           |         | 200 000 |
|    | Transferencia de actos por escisión por absorción       |         |         |
|    | -------------------- x ------------------------          |         |         |
| 30 | Inversiones mobiliarias                                  | 200 000 |         |
| 05 | Industrial Cusco S. A.                                   |         | 200 000 |
|    | Por la recepción de 200 000 acciones.                   |         |         |
|    | -------------------- x ------------------------          |         |         |

### Dulces y alimentos S. A.
### Estado de situación financiera
### Al 2 de enero de 202x+1

| Activo |  | Pasivo y patrimonio |  |
|---|---|---|---|
| Efectivo eq. efectivo | 100 000 | Cunes por pagar co. terceros | 350 000 |
| Ctas por cob Co. terceros | 200 000 | Capital | 650 000 |
| Productos terminados | 200 000 |  |  |
| Inversiones mobiliarias | 200 000 |  |  |
| Inmuebles maquinaria y equipo | 300 000 |  |  |
|  | 1 000 000 |  | 1 000 000 |

2. Registro en los libros de la Industrial Cusco S. A.

| | | | S/ | S/ |
|---|---|---|---|---|
| | -------------------- x -------------------- | | | |
| 33 | Inmuebles maquinaria y equipo | | 200 000 | |
| 05 | Dulces y alimentos S. A. | | | 200 000 |
| | Transferencia de activos por escisión por absorción. | | | |
| | -------------------- x -------------------- | | | |
| 05 | Dulces y Alimentos S. A. | | 200 000 | |
| 50 | Capital | | | 200 000 |
| | Por la suscripción y pago de 200 000 acciones. | | | |
| | -------------------- x -------------------- | | | |

**Industrial Cusco S. A.**
**Estado de Situación Financiera**
**Al 02 de enero de 2 02x+1**

| Activo | | Pasivo y patrimonio | |
|---|---|---|---|
| Efectivo eq. efectivo | 10 000 | Cunes por pagar co. terceros | 570 000 |
| Ctas por cob Co. terceros | 70 000 | Capital | 780 000 |
| Productos terminados | 200 000 | Reservas | 80000 |
| Inmuebles maquinaria y equipo | 1 200 000 | Resultados Acumulados | 50000 |
| | 1 480 000 | | 1 480 000 |

# Sucursales

Es sucursal todo establecimiento secundario a través del cual una sociedad desarrolla, en lugar distinto a su domicilio, determinadas actividades comprendidas dentro de su objeto social. La sucursal carece de personería jurídica independiente de su principal. Está dotada de representación legal permanente y goza de autonomía de gestión en el ámbito de las actividades que la principal le asigna, conforme a los poderes que otorga a sus representantes (art. 396 NLGS).

La sociedad principal responde por las obligaciones de la sucursal, es nulo todo pacto en contrario (art. 397 NLGS).

A falta de norma distinta del estatuto, el directorio de la sociedad decide el establecimiento de su sucursal. Su inscripción en el registro, tanto del lugar del domicilio de la principal como del de funcionamiento de la sucursal, se efectúan mediante copia certificada del respectivo acuerdo salvo que el establecimiento de la sucursal haya sido decidido al constituirse la sociedad, en cuyo caso la sucursal se inscribe por el mérito de la escritura pública de constitución (art. 398 NLGS).

## Representante legal de la sucursal (art. 399 NLGS)

El acuerdo de establecimiento de la sucursal contiene el nombramiento del representante legal permanente que goza cuando menos, de las facultades necesarias para obligar a la sociedad por las operaciones que realice la sucursal y de las generales de representación procesal que exigen las disposiciones legales correspondientes. Las demás facultades del representante legal permanente constan en el poder que se le otorgue. Para su ejercicio, hasta la presentación de copias certificadas de su nombramiento inscrito en el registro.

El representante legal permanente de una sucursal se rige por las normas establecidas en la NLGS para el gerente general de una sociedad, en cuanto resulten aplicables. Al término de su representación por cualquier causa y salvo que la sociedad principal tenga nombrado un sustituto, debe designar de inmediato un representante legal permanente (art. 400 NLGS).

Si transcurren noventa días de vacancia del cargo sin que la sociedad principal haya acreditado representante legal permanente, el registro a petición de parte con legítimo interés económico, cancela la inscripción de la sucursal. La cancelación de la inscripción de la sucursal no afecta a la responsabilidad de la sociedad principal por las obligaciones de aquella, inclusive por los daños y perjuicios que haya ocasionado la falta de representante legal permanente (art. 401 NLGS).

## Cancelación de la sucursal (art. 402 NLGS)

La sucursal se cancela por acuerdo del órgano social competente de la sociedad. Su inscripción en el registro se efectúa mediante copia certificada del acuerdo y acompañando un balance de cierre de operaciones de la sucursal que consigne las obligaciones pendientes a su cargo que son de responsabilidad de la sociedad.

## Sucursal en el Perú de una sociedad extranjera (art. 403 NLGS).

La sucursal de una sociedad constituida y con domicilio en el extranjero, se establece en el Perú por escritura pública inscrita en el registro que debe contener cuanto menos:

1. El certificado de vigencia de la sociedad principal en su país de origen con la constancia de que su pacto social ni su estatuto le impiden establecer sucursales en el extranjero.
2. Copia del pacto social y del estatuto o de los instrumentos equivalentes en el país de origen.
3. El acuerdo de establecer la sucursal en el Perú, adoptado por el órgano social competente de la sociedad, que identifique: el capital que se le asigna el giro de sus actividades en el país, la declaración de que tales actividades están comprendidas dentro de su objeto social; el lugar del domicilio de la sucursal, la designación de por lo menos un representante legal permanente en el país; los poderes que confiere y su sometimiento a las leyes del

Perú para responder por las obligaciones que contraiga la sucursal en el país.

La sucursal en el Perú de una sociedad constituida en el extranjero se disuelve mediante escritura pública inscrita en el registro que consigne el acuerdo adoptado por el órgano social competente de la sociedad principal, y que nombre a sus liquidadores y facultándolos para desempeñar las funciones necesarias para la liquidación. La liquidación de la sucursal hasta su extinción se realiza de conformidad de las normas contenidas en la NLGS (art. 404).

## Efecto en la sucursal de la fusión o escisión de la sociedad (art. 405 NLGS)

Cuando alguna sociedad participante en una fusión o escisión tiene establecida una sucursal, se procederá de la siguiente manera:

1. La sociedad absorbente o incorporante en la fusión o a la que se transfiere el correspondiente bloque patrimonial en la escisión, asume las sucursales de las sociedades que se extinguen o se escinden, salvo indicación en contrario.
2. Para la inscripción en el registro del cambio de sociedad titular de la sucursal, se requiere presentar la certificación expedida por el registro de haber quedado inscrita la fusión o la escisión en las partidas correspondientes a las sociedades principales participantes.

Cuando sociedades extranjeras con sucursal establecida en el Perú participen en una fusión o escisión, se procederá de la siguiente manera (art. 406 NLGS):

1. Para la inscripción en el país del cambio de sociedad titular de la sucursal originada en la fusión de su principal constituida en el extranjero, el registro exigirá la presentación de la documentación que acredite que la fusión ha entrado en vigor en el lugar de la sociedad principal; el nombre, lugar de constitución y domicilio de la sociedad principal absorbente o incorporante, y que ella puede tener sucursales en otro país.

2. Para la inscripción en el país del cambio de sociedad titular de la sucursal, originada en la escisión de la sociedad principal constituida en el extranjero, el registro exigirá la presentación de la documentación que acredite que la escisión ha entrado en vigencia en el lugar de la respectiva sociedad principal; el nombre, lugar de constitución y domicilio de la sociedad beneficiaria del bloque patrimonial que incluye el patrimonio de la sucursal y que ella pueda tener sucursales en otro país.

Ejemplo

El 2 de enero de 202x la empresa San Antonio S. A. – Cusco, cuyo balance de saldo se muestra, decide establecer una sucursal en la ciudad de Abancay.

**San Antonio S. A.**
**Balance de saldos**
**2 de enero de 202x**

| | |
|---|---|
| Banco del Sur | S/ 1 000 000 |
| Inmuebles | 2 500 000 |
| Mercaderías | 2 250 000 |
| Letras por cobrar | 800 000 |
| Muebles y enseres | 700 000 |
| Clientes | 400 000 |

Gastos pagados por anticipado     350 000

| | |
|---|---:|
| Letras por pagar | 500 000 |
| Capital | 4 000 000 |
| Proveedores | 500 000 |
| Cuentas por pagar | 2 450 000 |
| Reserva legal | 50 000 |
| Utilidades retenidas | 1 500 000 |

El 2 de enero, se dota a la sucursal Abancay de lo siguiente:

Un giro bancario de S/ 200 000 y mercaderías al costo 1 000 000.

Durante el mes, la sucursal llevó a cabo las operaciones siguientes:

| | | |
|---|---|---:|
| Ventas al contado | S/ | 600 000 +IGV |
| Ventas al crédito | | 120 000 +IGV |
| Alquiler de local | | 8 000 |
| Licencia municipal | | 3 000 |
| Pago al personal | | 20 000 |
| Remesa a la central, transf. bancaria | | 400 000 |
| Existencia a fin de mes | | 500 000 |
| Recibido de la central un lote de muebles | | 180 000 |

Se pide: Registrar, en los libros de la principal y de la sucursal.

## Desarrollo

Los sistemas informáticos de contabilidad permiten el registro en línea de las operaciones de las sucursales con la principal, para lo cual se habilitan subdivisionarias; solamente por razones didácticas se va a presentar el registro por separado

| Sucursal | Debe | Haber | Principal | Debe | Haber |
|---|---|---|---|---|---|
| ------- 1 ------ | S/ | S/ | ------- x ------ | S/ | S/ |
| 10 efectivo y equivalente | 200 000 | | 179 Ctas por cob,Div.R | 1200000 | |
| 20 mercaderías | 1000 000 | | 10 efect. y equivalente | | 200000 |
| 479 otras ctas por pag.R | | 1200 000 | 20 mercaderías | | 1000000 |
| Transferencias recibidas | | | Transferencia a sucurs. | | |
| ------- 2 ------ | | | ------- x ------ | | |
| 12 Ctas por cob. com.T | 849 600 | | | | |
| 40 Trib yc ontt. Pagar | | 129 600 | | | |
| 70 ventas | | 720 000 | | | |
| Por ventas | | | | | |
| ------- 3 ------ | | | | | |
| 10 efectivo y equivalente | 708 000 | | | | |
| 12 ctas por cob. com T | | 708 000 | | | |
| Cobranza a clientes | | | | | |
| ------- 4 ------ | | | | | |
| 635 alquiler | 8 000 | | | | |
| 643 gobierno local | 3 000 | | | | |
| 42 ctas por pag. co.T | | 8 000 | | | |
| 40 trib y cont x pagar | | 3 000 | | | |
| Por gastos | | | | | |
| ------- 5 ------ | | | | | |
| 95 gastos administrativos | 11 000 | | | | |
| 79 cargas imp a ctas C.G | | 11 000 | | | |
| Transferencia | | | | | |
| ------- 6 ------ | | | | | |
| 42 ctras por pag. co.T | 8 000 | | | | |
| 40 trib.cont x pagar | 3 000 | | | | |
| 10 efectivo y equivalente | | 11 000 | | | |
| Pago | | | | | |

| | | | | | |
|---|---|---|---|---|---|
| ------- 7 ------ | | | | | |
| 621 remuneraciones | 20 000 | | | | |
| 627 seg. Prev.social | 1 800 | | | | |
| 40 trib y cont x pagar | | 4 400 | | | |
| 41 Remuneraciones x p. | | 17 400 | | | |
| Planilla | | | | | |
| ------- 8 ------ | | | | | |
| 95 gastos administrativos | 21 800 | | | | |
| 79 cargas imp a ctas C.G | | 21 800 | | | |
| Transferencia | | | | | |
| ------- 9 ------ | | | | | |
| 41 remuneraciones x pag. | 17 400 | | | | |
| 10 efectivo y equivalente | | 17 400 | | | |
| Pago remuneraciones | | | | | |
| ------- 10 ------ | | | | | |
| 479 otras ctas x pagar R. | 400 000 | | ------- x ------ | | |
| 10 efectivo y equivalente | | 400 000 | 10 efect. Equivalentes | 400 000 | |
| Transferencia a principal | | | 179 ctas x cob. div.R | | 400 000 |
| ------- 11 ------ | | | Transf. de sucursal- | | |
| 69 costo de ventas | 500 000 | | ------- x ------ | | |
| 20 mercaderías | | 500 000 | | | |
| Por el costo de ventas | | | | | |
| CV=II+C-IF | | | | | |
| ------- 12 ------ | | | | | |
| 33 Prop.planta y equipo | 180 000 | | ------- x ------ | | |
| 479 otras ctas x pag.R. | | 180 000 | 179 ctas x cob, div. R | 180 000 | |
| Transferencia recibida | | | 33 prop.planta y equipo | | 180 000 |
| | | | Transferencia a sucursal | | |

# Ejercicios sugeridos

1. La Compañía San Antonio S. A. – Cusco opera una sucursal en Arequipa. Los balances de comprobación que aparecen se tomaron de sus libros:

|  | 31 de diciembre | |  |  |
|---|---|---|---|---|
|  | 202x-1 | | 202x | |
|  | Después del cierre | | Antes del cierre | |
| 47 Casa central – cuenta corriente |  | 9000 |  | 12 600 |
| 20 Mercaderías | 4950 |  | 50 050 |  |
| 70 Ventas |  |  |  | 47 500 |
| 12 Cuentas por cobrar comerciales | 3000 |  | 4750 |  |
| 10 Caja | 1050 |  | 2800 |  |
| 65 Otros Gastos de Gestión |  |  | 2500 |  |
| 79 Cargas imputables a costos |  |  |  | 2500 |
| 9 Gastos Administrativos |  |  | 2500 |  |
|  | 9000 | 9000 | 62 600 | 62 600 |

Todas las ventas se hicieron al crédito. La sucursal paga sus propios gastos. El inventario de la sucursal al 31.12.202x era de S/ 5500.

El balance de la central era como sigue:

## Compañía San Antonio S. A.
## Balance de comprobación
## Al 31 de diciembre de 202x

| 20 Existencias | 57 400 |  |
|---|---|---|
| 12 Cuentas por cobrar comerciales | 1300 |  |
| 10 Caja | 9550 |  |
| 17 Sucursal-cuenta corriente | 12 600 |  |
| 61 Variación de existencias |  | 90 000 |
| 60 Compras | 90 000 |  |

| | | |
|---|---:|---:|
| 70 Ventas | | 60 000 |
| 65 Otros gastos de gestión | 6250 | |
| 79 Cargas imputables a costos | | 6250 |
| 9 Gastos administrativos | 6250 | |
| 42 Cuentas por pagar comerciales | | 2750 |
| 50 Capital en acciones | | 20 000 |
| 59 Utilidades retenidas | | 4350 |
| | 183 350 | 183 350 |

Inventario de existencias al 31.12.202x S/ 13 750.

Con los datos anteriores:

a. Reconstruya los asientos de diario resumidos de la sucursal y de la casa central.
b. Registrar los resultados de dichas operaciones.
c. Estados financieros consolidados.

2. La sucursal de Quebec, Canadá, de San Antonio S. A., le remite el siguiente balance de comprobación practicado el 31 de diciembre de 202x.

| | $ Canadiense | |
|---|---:|---:|
| Caja | 60 000 | |
| Facturas por cobrar | 860 000 | |
| Provisión para cuentas de cobranza dudosa | | 1 215 |
| Mercaderías al 1 enero | 290 600 | |
| Cuenta de Remesa | 510 000 | |
| Muebles y enseres | 15 000 | |
| Depreciación acumulada al 1 enero | | 3 000 |
| Facturas por pagar | | 330 000 |
| Ventas | | 1 236 940 |

| | | |
|---|---:|---:|
| Compras | 1 094 300 | |
| Sueldos | 50 000 | |
| Gastos | 60 000 | |
| Casa Matriz cuenta control | | 1 368 745 |
| | 2 939 900 | 2 939 900 |

La cuenta de remesas comprende tres giros hechos a la casa matriz, cada uno por la suma de 170 000 $ canadienses, comprados a los tipos 2381, 2328, 2361, respectivamente.

El tipo de cambio el 31 de diciembre era 2380. El tipo promedio del año fue de 2363.

El tipo de cambio en la fecha en que se adquirió los muebles era de 2382.

El inventario el 31 de diciembre sumaba 283 040 $ canadienses.

Los siguientes datos concernientes a la sucursal aparecen en la contabilidad de la casa matriz, la cual solamente lleva una cuenta de control para registrar todas las operaciones con la primera:

| | |
|---|---|
| Mercaderías al 1 enero | S/ 690 756 20 |
| Depreciación acumulada al 1 enero | 7146 00 |
| Cuenta de control de la sucursal | 3 253 506 90 |
| Provisión a cuentas de cobranza dudosa al 1 enero | 2 888 10 |

Las provisiones para cuentas dudosas del periodo actual se calculan en el 1 % de las cuentas a cobrar. La depreciación se estima en un 10 %.

a. Prepárese los asientos de regularización y cierre de la contabilidad de la sociedad.
b. Prepare un Estado de conversión del Balance de comprobación rectificado de la sucursal a nuevos soles.

c. Formúlese el Estado de situación financiera y el Estado de resultados de la sucursal en ambas clases de monedas.

d. Formule los asientos para incorporar a la contabilidad de la casa matriz de operaciones de la sucursal.

## Disolución de sociedades

La sociedad se disuelve por las siguientes causas: (art. 407 NLGS)

1. Vencimiento del plazo de duración, que opera de pleno derecho, salvo si previamente se aprueba e inscribe la prórroga de registro.
2. Conclusión de su objeto, no realización de su objeto durante un periodo prolongado o imposibilidad manifiesta de realizarlo.
3. Continuada inactividad de la junta general.
4. Pérdidas que reduzcan el patrimonio neto a cantidad inferior a la tercera parte del capital pagado, salvo que sean resarcidas o que el capital pagado sea aumentado o reducido en cuantía suficiente.
5. Acuerdo de la junta de acreedores, adoptado de conformidad con la ley de la materia o quiebra.
6. Falta de pluralidad de socios, si en el término de 6 meses dicha pluralidad no es reconstituida.
7. Resolución adoptada por la corte suprema, a pedido del poder ejecutivo.
8. Acuerdo de la junta general, sin mediar causa legal o estatutaria.
9. Cualquier otra causa establecida en la ley o prevista en el pacto social, en el estatuto o en convenio de los socios registrado ante la sociedad.

La sociedad colectiva se disuelve también por muerte o incapacidad sobreviviente de uno de los socios, salvo que el pacto social contemple que la sociedad pueda continuar con los herederos del socio fallecido o incapacidad o entre los demás socios. En caso de que la sociedad continúe entre los demás socios, reducirá su capital y devolverá la participación correspondiente a quienes tengan derecho a ella, de acuerdo con las normas que regulan el derecho de separación.

La sociedad en comandita simple se disuelve también cuando no queda ningún socio comanditario o ningún socio colectivo, salvo que dentro del plazo de seis meses haya sido sustituido el socio que falta. Si faltan todos los socios colectivos, los socios comanditarios nombran un administrador provisional para el cumplimiento de los actos de administración ordinaria durante el periodo referido en el párrafo anterior. El administrador provisional no asume la calidad de socio colectivo.

La sociedad en comandita por acciones se disuelve también si cesan en su cargo todos los administradores si dentro de los seis meses no se ha designado sustituto o si los designados no han aceptado el cargo (art. 408)

## Convocatoria y acuerdo de disolución (art. 409 NLGS)

En los casos previstos en los artículos anteriores, el directorio, o cuando este no exista cualquier socio, administrador o gerente, convoca para que en un plazo máximo de 30 días se realice una junta general a fin de adoptar el acuerdo de disolución o las medidas que correspondan.

Cualquier, socio, director o gerente puede requerir al directorio para que convoque a la junta general si, a su juicio, existe alguna de las causales de disolución establecidas en la ley. De no efectuarse la convocatoria, ella se hará por el juez del domicilio social.

Si la junta general no se reúne o si reunida no adopta el acuerdo de disolución o las medidas que correspondan, cualquier socio, administrador, director o el gerente puede solicitar al juez del domicilio social que declare la disolución de la sociedad. Cuando se recurra al juez la solicitud se tramita conforme las normas del proceso sumarísimo.

El poder ejecutivo, mediante resolución suprema expedida con el voto aprobatorio del concejo de ministros, solicitará a la corte suprema la disolución de sociedades cuyos fines o actividades sean contrarios a las leyes que interesan al orden público o a las buenas costumbres. La corte suprema resuelve, en ambas instancias, la disolución o subsistencia de la sociedad.

La sociedad puede acompañar las pruebas de descargo que juzgue pertinentes en el término de 30 días, más el término de la distancia si su sede social se encuentra fuera de Lima o del Callao.

Producida la resolución de disolución y salvo que la corte haya dispuesto otra cosa, el directorio, el gerente o los administradores bajo responsabilidad, convocan a la junta general para que dentro de los diez días designe a los liquidadores y se dé inicio al proceso de liquidación.

Si la convocatoria no se realiza o si la junta general no se reúne o no adopta los acuerdos que le competen, cualquier socio, accionista o tercero puede solicitar al juez de la sede social que designe liquidadores y dé inicio al proceso de liquidación, por el proceso sumarísimo (art. 410 NLGS).

No obstante mediar acuerdo de disolución de la sociedad anónima, el estado puede ordenar su continuación forzosa si la considera de seguridad nacional o de necesidad pública, declarada por ley. En la respectiva resolución, se establece la forma cómo habrá de continuar la sociedad y se disponen los recursos para que los accionistas reciban, en efectivo y de inmediato, la indemnización justipreciada que les corresponde. En todo caso, los accionistas tienen derecho de acordar continuar con las actividades de la sociedad, siempre que así lo resuelvan dentro de los 10 días siguientes, contados desde la aplicación de la resolución (art. 411 NLGS).

## Publicidad e inscripción del acuerdo de disolución (art. 412 NLGS)

El acuerdo de disolución debe publicarse dentro de 10 días de adoptado por tres veces consecutivas.

La solicitud de inscripción se presenta al registro dentro de los 10 días de efectuada la última publicación, bastando para ello copia certificada notarial del acta que decide la disolución.

## Liquidación

Disuelta la sociedad se inicia el proceso de liquidación.

La sociedad disuelta conserva su personalidad jurídica, mientras dura el proceso de liquidación y hasta que se inscriba la extinción en el registro.

Durante la liquidación, la sociedad debe añadir a su razón social o denominación, la expresión «en liquidación» en todos sus documentos y correspondencia.

Desde el acuerdo de disolución cesa la representación de los directores, administradores, gerentes y representantes en general, asumiendo los liquidadores las funciones que les corresponden conforme a ley, al estatuto, al pacto social, a los convenios entre accionistas inscritos ante la sociedad y a los acuerdos de la junta general.

Sin embargo, si fueran requeridas para ello por los liquidadores, las referidas personas están obligadas a proporcionar las informaciones y documentación que sean necesarias para facilitar las operaciones de liquidación.

La función de los liquidadores termina:

1. Por haberse realizado la liquidación.
2. Por remoción acordada por la junta general o por renuncia. Para que la remoción o la renuncia surtan efectos, conjuntamente, con ella debe designarse nuevos liquidadores.
3. Por resolución judicial emitida a solicitud de socios que, mediando justa causa, representen por lo menos la quinta parte del capital social. La solicitud se sustanciará conforme al trámite del proceso sumarísimo. La responsabilidad de los liquidadores caduca a los 2 años desde la terminación del cargo o desde el día en que se inscribe la extinción de la sociedad en el registro (art. 415 NLGS).

## Funciones de los liquidadores (art. 416 NLGS)

Corresponde a los liquidadores la representación de la sociedad en liquidación y su administración para liquidarla, con las atribuciones y responsabilidades que establezca la ley, el estatuto, el pacto social, los convenios entre accionistas inscritos ante la sociedad y los acuerdos de la junta general.

Por el solo hecho del nombramiento de los liquidadores, estos ejercen la representación procesal de la sociedad con las facultades, atribuciones y responsabilidades que establezca la ley, el estatuto, el pacto social, los convenios entre accionistas inscritos ante la sociedad y los acuerdos de la junta general.

Para el ejercicio de la representación procesal, basta la presentación de copia certificada de documento donde conste el nombramiento.

Adicionalmente, corresponde a los liquidadores:

1. Formular el inventario, estados financieros y demás cuentas el día en que se inicie la liquidación.
2. Los liquidadores tienen la facultad de requerir la participación de los directores o administradores cesantes para que colaboren en la formulación de esos documentos.
3. Llevar y custodiar los libros y correspondencia de la sociedad en liquidación y entregarlos a la persona que habrá de conservarlos luego de la extinción de la sociedad.
4. Velar por la integridad del patrimonio de la sociedad.
5. Realizar las operaciones pendientes y las nuevas que sean necesarias para la liquidación de la sociedad.
6. Transferir a título oneroso los bienes sociales.
7. Exigir el pago de los créditos y dividendos pasivos existentes al momento de iniciarse la liquidación. También puede exigirse el pago de otros dividendos pasivos correspondientes a aumentos de capital social acordados por la junta general con posterioridad a la declaratoria de disolución, en la cuantía que sea suficiente para satisfacer los créditos y obligaciones frente a terceros.
8. Concertar transacciones y asumir compromisos y obligaciones que sean convenientes al proceso de liquidación.
9. Pagar a los acreedores y a los socios.
10. Convocar a la junta general cuando lo consideren necesario para el proceso de liquidación, así como en las oportunidades señaladas en la ley, el estatuto, el pacto social, los convenios entre accionistas inscritos ante la sociedad o por disposición de la junta general.

## Insolvencia o quiebra de la sociedad en liquidación (art. 417 NLGS)

Si durante la liquidación se extingue el patrimonio de la sociedad y quedan acreedores pendientes de ser pagados, los liquidadores deben convocar a la junta general para informarla de la situación sin perjuicio de solicitar la declaración judicial de quiebra con arreglo a la ley de la materia.

## Información a los socios o accionistas (art. 418 NLGS)

Los liquidadores deben presentar a la junta general los estados financieros y demás cuentas de los ejercicios que venzan durante la liquidación, procediendo a convocarla en la forma que señale la ley, el pacto social y el estatuto.

Igual obligación debe cumplir respecto de balances por otros periodos cuya formación contemple la ley, el estatuto, el pacto social, los convenios entre accionistas o socios inscritos ante la sociedad o los acuerdos de la junta general.

Los socios o accionistas que representen cuando menos la décima parte del capital social tienen derecho a solicitar la convocatoria a junta general para que los liquidadores informen sobre la marcha de la liquidación.

Los liquidadores deben presentar a la junta general la memoria de liquidación, la propuesta de distribución del patrimonio neto entre los socios, el balance final de liquidación el estado de ganancias y pérdidas y demás cuentas que correspondan, con la auditoria que hubiese decidido la junta general o con la que disponga la ley.

En caso de que la junta no se realice en primera ni en segunda convocatoria, los documentos se consideran aprobados por ella.

Aprobado, expresa o tácitamente, el balance final de liquidación se publica por una sola vez (art. 419 NLGS).

## Distribución del haber social (420 NLGS)

Aprobado el balance final de liquidación, se procede a la distribución entre los socios del haber social remanente.

La distribución del haber social se practica con arreglo a las normas establecidas por la ley, el estatuto, el pacto social y los convenios entre accionistas inscritos ante la sociedad. En defecto de estas, la distribución se realiza en proporción a la participación de cada socio en el capital social.

En todo caso se deben observar las normas siguientes:

1. Los liquidadores no pueden distribuir entre los socios el haber social sin que se hayan satisfecho las obligaciones con los acreedores o consignado el importe de sus créditos.

2. Si todas las acciones o participaciones sociales no se hubiesen integrado al capital social en la misma proporción, se paga en primer término y en orden descendente a los socios que hubiesen desembolsado mayor cantidad, hasta por el exceso sobre la aportación del que hubiese pagado menos; el saldo que distribuye entre los socios en proporción a su participación en el capital social.

3. Si los dividendos pasivos se hubiesen integrado al capital social durante el ejercicio en curso, el haber social se repartirá primero y en orden descendente entre los socios cuyos dividendos pasivos se hubiesen pagado antes.

4. Las cuotas no reclamadas deben ser consignadas en una empresa bancaria o financiera del sistema financiero nacional.

5. Bajo responsabilidad solidaria de los liquidadores, puede realizarse adelantos a cuenta del haber social a los socios.

# Extinción

Una vez efectuada la distribución del haber social, la extinción de la sociedad se inscribe en el registro.

La solicitud se presenta mediante recurso firmado, por el o los liquidadores, indicando la forma como se ha dividido el haber social, la distribución del remanente y las consignaciones efectuadas y se acompaña la constancia de haberse publicado el balance de liquidación.

Al inscribir la extinción se debe indicar el nombre y domicilio de la persona encargada de la custodia de los libros y documentos de la sociedad. Si algún liquidador se niega a firmar el recurso, no obstante haber sido requerido, o se encuentra impedido de hacerlo, la solicitud se presenta por los demás liquidadores acompañando una copia del requerimiento con la debida constancia de su recepción (art. 421 NLGS).

## Responsabilidad frente a los acreedores impagos (art. 422 NLGS)

Después de la extinción de la sociedad colectiva, los acreedores de esta, que no haya sido pagado pueden hacer valer sus créditos frente a los socios. Sin perjuicio del derecho frente a los socios colectivos previstos en el párrafo anterior, los acreedores de la sociedad anónima y los de la sociedad en comandita simple y en comandita por acciones, que no hayan sido pagados, no obstante, la liquidación de dichas sociedades, pueden hacer valer sus créditos frente a los socios o accionistas, hasta por el monto de la suma recibida por estos como consecuencia de la liquidación.

Los acreedores pueden hacer valer sus créditos frente a los liquidadores después de la extinción de la sociedad si la falta de pago se ha debido a culpa de estos. Las acciones se tramitarán por el proceso de conocimiento. Las reclamaciones de los acreedores caducan a los dos años de la inscripción de la extinción.

Ejemplo

La empresa San Antonio S.R.L en junta general de socios, celebrado el 25 de junio de 202x, acuerda la disolución de la sociedad por el vencimiento del plazo de duración. La empresa tiene como socios a Jesús Farfán y Telémaco Viera, con una participación en el capital del 50 % cada uno.

La sociedad inicia el proceso de liquidación el 5 de julio de 202x preparándose el balance final de liquidación a esta fecha, para cuyo efecto nombra a los liquidadores.

**San Antonio S.R.L**
**Estado de situación financiera**
**Al 5 de julio de 2021**

| Activo | | Pasivo | |
|---|---|---|---|
| Efectivo y equivalente | 26 000 | Tributos por pagar | 10 000 |
| Ctas por cob. com. terceros | 90 000 | Remuneraciones por pagar | 5 000 |
| Mercaderías | 100 000 | Cuentas por pagar diversas T | 30 000 |
| Inmuebles maq y equipo | 105 000 | Ctas pagar com. terceros | 100 000 |
| Depreciación acumulada | (94 500) | Beneficios sociales | 80 000 |
| | | Capital | 1 000 000 |
| | | Resultados acumulados | (110 500) |
| | | Resultados del ejercicio | 12 000 |
| Total activo | 226 500 | Total pasivo y patrimonio | 226 500 |

**San Antonio S.R.L.**
**Estado de resultados**
**Del 1 enero al 5 julio de 202x**
**(en nuevos soles)**

| | |
|---|---:|
| Ventas | 45,000 |
| Costo de ventas | 25,000 |
| Gastos administrativos | 8000 |
| Utilidad | 12,000 |

Los liquidadores realizaron las operaciones siguientes:

a. Los clientes cancelan el total de sus deudas por S/ 90 000
b. Se vende los inmuebles maquinaria y equipo en
   S/ 10 000 + IGV
c. Se vende las mercaderías en S/ 140 000 + IGV.
d. Se pagan los siguientes gastos

Honorarios del liquidador S/ 6000

| | | |
|---|---|---:|
| Honorarios del liquidador | S/ | 6000 |
| Contador | | 2000 |
| Abogado | | 2000 |
| Luz, agua y teléfono | | 1000 + IGV |

e. Se pagan los beneficios sociales, remuneraciones y tributos.
f. Se paga a los proveedores y terceros.

Se pide: Registrar el proceso de liquidación y cerrar los respectivos libros.

Desarrollo

| | S/ | S/ |
|---|---|---|
| ------------------- 1 ------------------- | | |
| 10 efectivo y equivalente de efectivo | 90 000 | |
|   12 cuentas por cobrar comerciales- terceros | | 90 000 |
| ------------------- 2 ------------------- | | |
| 65 otros gastos de gestión | 10 500 | |
| 39 depreciación y amortización acumulada | 94 500 | |
|   33 inmuebles maquinaria y equipo | | 105 000 |
| ------------------- 3 ------------------- | | |
| 10 efectivo y equivalente de efectivo | 11 800 | |
|   40 tributos, contraprestaciones y aporte por pagar | | 1 800 |
|   75 Otros ingresos de gestión | | 10 000 |
| ------------------- 4 ------------------- | | |
| 10 efectivo y equivalente de efectivo | 165 200 | |
|   40 tributos, contraprestaciones y aporte por pagar | | 25 200 |
|   70 ventas | | 140 000 |
| ------------------- 5 ------------------- | | |
| 69 Costo de ventas | 100 000 | |
|   20 Mercaderías | | 100 000 |
| ------------------- 6 ------------------- | | |
| 63 Gastos de servicios prestados por terceros | 11 000 | |
| 40 tributos, contraprestaciones y aporte por pagar | 180 | |
|   10 Efectivo y equivalente de efectivo | | 11 180 |
| ------------------- 7 ------------------- | | |
| 95 gastos administrativos | 11 000 | |
| 79 cargas imputables a cuentas de costos y gastos | | 11 000 |
| ------------------- 8 ------------------- | | |
| 41 Remuneraciones y participaciones por pagar | 85 000 | |
| 40 tributos, contraprestaciones y aporte por pagar | 36 820 | |
|   10 Efectivo y equivalente de efectivo | | 121 820 |
| ------------------- 9 ------------------- | | |
| 46 cuentas por pagar diversas – terceros | 30 000 | |
| 42 cuentas por pagar comerciales- terceros | 100 000 | |
| 10 efectivo y equivalente de efectivo | | 130 000 |
| ------------------- 10 ------------------- | | |
| 79 cargas imputables a cuentas de costos y gastos | 19 000 | |
|   95 gastos de administración | | 19 000 |

## Ejercicios sugeridos

1. Con base en la información del caso anterior, efectuar la liquidación de la empresa; con la única variación de que las mercaderías se venden en S/ 60 000 + IGV.

2. La empresa San Antonio S.R.L., en Junta General de Socios celebrada el 31 de diciembre de 202x, acordó la disolución de la sociedad por haber disminuido el patrimonio neto por la acumulación de pérdidas. La empresa tiene como socios a Julio Pérez Palomino, Juan Carrasco Solís y Justa Estrada Flores; con una participación del 30, 30 y 40 %, respectivamente, quienes les nombraron a Uds., liquidadores. El 1 enero 202x+1 se practica el inventario de liquidación respectiva, con los resultados siguientes:

   - Facturas por cobrar a clientes S/ 90 000; mercaderías S/ 100 000, muebles y enseres S/ 105 000, depreciación acumulada S/ 94 500; impuesto a la renta-202x por pagar S/ 5000, IGV-Dic 202x por pagar S/ 5000, remuneraciones por pagar S/ 5000, beneficios sociales S/ 80 000; facturas por pagar a los proveedores siguientes: Comercial Cusco S/ 50 000, Comercial Santiago S/ 30 000 y Comercial Canchis S/ 20 000, pérdidas acumuladas 202x-3 S/ 14 500; 202x-2 S/ 20 000, 202x-1 S/ 30 000, 202X S/ 20 000, participaciones de los socios debidamente suscritos y pagados S/ 90 000.

Los liquidadores realizan las operaciones siguientes:
- Realiza un factoring sin recursos a 30 días con el Banco del Sur, por el total de la facturas a cobrar a cliente, el banco procederá a la apertura de una cta cte en donde depositará el importe neto de la operación, además exige una garantía del 10 % y un interés del 9 % anual sobre

el importe financiado y el 1 % de comisión sobre el importe nominal.
- Venden los muebles y enseres en S/ 12 000 + IGV; y las mercaderías en S/ 145 000 + IGV.
- Los gastos incurridos durante el proceso de liquidación son honorarios liquidador S/ 5000, contador S/ 2000, abogado S/ 2000, luz agua teléfono S/ 1000 + IGV.
- Se pagaron con cheque las remuneraciones, beneficios sociales y tributos.
- Con el proveedor Comercial Canchis, se negoció el pago inmediato a condición de otorgar un descuento del 5 %. Operación que se llevó a cabo.
- El Banco del Sur comunica haber abonado el total de la garantía en nuestra cta cte en vista que los clientes, cumplieron con el pago respectivo.
- Los proveedores, Comercial Cusco y Comercial Santiago, pese a las citaciones efectuadas por los liquidadores no se presentaron hasta la fecha.
- Se pagó los gastos incurridos en el proceso de liquidación.
- Se elaboran los respectivos estados financieros de la liquidación y se procede a registrar la extinción de la sociedad en los registros públicos.

Se pide: Registrar y elaborar los respectivos estados financieros del proceso de liquidación.

## Sistema concursal de sociedades

Con el objetivo de la recuperación del crédito, mediante la regulación de procedimientos concursales que promuevan la asignación eficiente de recursos, a fin de conseguir el máximo valor posible del patrimonio de las sociedades deudoras se dio la Ley N° 27809 «Ley del sistema concursal».

Norma que prevé los sistemas concursales siguientes:

- Reestructuración patrimonial
- Procedimiento concursal preventivo

Ejemplo.

1. La empresa San Antonio S. A. está imposibilitada de hacer frente a sus obligaciones financieras. Su situación financiera es la siguiente:

**Empresa San Antonio S. A.**
**Balance general**
**Al 31 de diciembre de 202x**

| | | | | |
|---|---|---|---|---|
| Efectivo y equivalente | 3246 | cuentas por pagar com. terceros | | 82 465 |
| Cuentas por cobrar com. Ter | 48 534 | Capital en acciones | 150 000 | |
| Mercaderías | 75 620 | Resultados acumulados | 19 275 | 169 275 |
| Propiedad planta y equipo | 124 340 | | | |
| | 251 740 | | | 251 740 |

Luis Caparó es designado administrador y autorizado para hacerse cargo de todos los bienes de la empresa. El averigua que la propiedad planta y equipo no ha sido depreciado nunca, ni se han cancelado las cuentes incobrables y las mercaderías, llevado al costo incluye mercaderías obsoletas. Para evitar que estas pérdidas y valuaciones exageradas aparezcan en libros de la administración concursal, el Administrador insiste en que la empresa contabilice la depreciación pasada de S/ 63 190 y las cuentas incobrables de S/ 6420 y que rebaje su inventario a S/ 42 460 antes de que él tome posesión del activo.

Durante el siguiente año, él cobra S/ 39 400 de cuentas por cobrar y decide que el resto es incobrable. Compra mercaderías valuadas en S/ 423 200 y las paga todas con excepción de S/ 22 000. Sus ventas son S/ 562 140 que se cobran todas con excepción de S/ 34 680; y el hace una provisión de S/ 1 250 contra este importe. Sus gastos fueron de S/ 94 365 de los cuales hay pendientes de pago a fin de año de S/ 12 414, su inventario de cierre importa S/ 37 140. Carga el 5 % de depreciación sobre el activo fijo. Cobra sus honorarios S/ 12 500 y paga a los acreedores anteriores a su toma de posesión el 80 % de sus créditos. Entonces devuelve el negocio a sus dueños.

**Se pide:** Registrar las operaciones en los libros del administrador y de la empresa.

| Administrador | | | Empresa San Antonio | | |
|---|---|---|---|---|---|
| -------- 1 -------- | S/ | S/ | -------- -------- | S/ | S/ |
| Caja | 3 246 | | 59 resultados | 102 770 | |
| Cuentas por | 48 534 | | acumulados | | |
| cobrar-antiguas | | | 39 depreciación | | 63 190 |
| Inventario | 42 460 | | acumulada | | |
| Activo fijo | 124 340 | | 19 estimación | | 6 420 |
| Depreciación | | 63 190 | incobrables | | |
| acumulada | | | 20 mercaderías | | 33 160 |
| Estimación inco- | | 6 420 | -------- -------- | | |
| brables-antigua | | | 39 Depreciación | 63 190 | |
| San Antonio- | | 148 970 | acumulada | | |
| administrador | | | 19Estimación in- | 6 420 | |
| -------- 2 -------- | | | cobrables-antigua | | |
| Caja | 39 400 | | 05 Luís Caparó- | 148 970 | |
| Estimación inco- | 6 420 | | administrador | | |
| brables- antigua | | | 10 efectivo y | | 3 246 |
| Pérdida en ctas por | 2 714 | | equivalente | | |
| cobrar antiguas | | 48 534 | 12 Cuentas por | | 48 534 |
| Cuentas por | | | cobrar com.t | | |
| cobrar- antiguas | | | 20 mercaderías | | 42460 |
| | | | 33 propiedad. | | 124 340 |
| | | | Planta y equipo | | |

| | | | | | |
|---|---|---|---|---|---|
| -------- 3 -------- | 423 200 | | -------- -------- | | |
| Compras | | 401 200 | | | |
|   Caja | | 22 000 | | | |
|   Cuentas por pagar | | | | | |
| -------- 4 -------- | | | | | |
| Caja | 527 460 | | | | |
| Cuentas por cobrar-nuevas | 34 680 | | | | |
|   Ventas | | 562 140 | | | |
| -------- 5 -------- | | | | | |
| Gastos estimación incobrables | 1 250 | | | | |
|   Estimación incobrables | | 1 250 | | | |
| -------- 6 -------- | | | | | |
| Gastos | 94 365 | | | | |
|   Caja | | 81 951 | | | |
|   Cuentas por pagar | | 12 414 | | | |
| -------- 7 -------- | | | | | |
| Gastos de depreciación | 6 217 | | | | |
|   Depreciación Acumulada 124350*5% | | 6 217 | | | |
| -------- 8 -------- | | | | | |
| Honorarios- liqui-dador | 12 500 | | | | |
|   Caja | | 12 500 | | | |
| -------- 9 -------- | | | -------- -------- | | |
| San Antonio-cuentas por pagar | 65 972 | | 42 Cuentas por pagar com.t | 65 972 | |
|   Caja 82465*80% | | 65 972 |   05 Luís Caparó-administrador | | 65 972 |
| -------- 10 -------- | | | -------- -------- | | |
| Ventas | 562 140 | | | | |
| Inventario | 37 140 | | | | |
|   Ganancias y pérdidas | | 599 280 | | | |

| | | | | | |
|---|---:|---:|---|---:|---:|
| -------- 11 -------- | | | | | |
| Ganancias y pérdidas | 582 706 | | | | |
| Inventario | | 42 460 | | | |
| Compras | | 423 200 | | | |
| Gastos estimaciones incobrable | | 1 250 | | | |
| Gastos | | 94 365 | | | |
| Gastos de depreciación | | 6 217 | | | |
| Honorarios- liquidador | | 12 500 | | | |
| Pérdida en cuentas por cobrar ant | | 2 714 | | | |
| -------- 12 -------- | | | -------- -------- | | |
| Ganancias y pérdidas | 16 574 | | 05 Luís Caparo- liquidador | 16 574 | |
| San Antonio- Adm- judicial | | 16 574 | 89 Resultados del ejercicio0 | | 16 574 |
| -------- 13 -------- | | | -------- -------- | | |
| San Antonio- Adm. Judicial | 65 972 | | | | |
| San Antonio- cuentas por pagar | | 65 972 | | | |
| -------- 14 -------- | | | -------- -------- | | |
| San Antonio – Adm. Judicial | 99 572 | | 10 Efectivo y equivalente | 8 483 | |
| Depreciación acumulada | 69 407 | | 12 Cuentas por cobrar- nuevas | 34 680 | |
| Estimación incobrables | 1 250 | | 20 mercaderías | 37 140 | |
| Cuentas por pagar | 34 414 | | 33 propiedad, planta y equipo | 124 340 | |
| Caja | | 8 483 | 05 San Antonio – Administrador | | 99 572 |
| Cuentas por cobrar- nuevas | | 34 680 | 39 Depreciación acumulada | | 69 407 |
| Inventario | | 37 140 | 19 Estimación incobrables | | 1 250 |
| Activo fijo | | 124 340 | 42 Cuentas por pagar com.T | | 34 414 |
| Asiento de cierre. | | | -------- -------- | | |

# Ejercicios sugeridos

1. La empresa hotelera San Antonio S. A., está imposibilitada de pagar los intereses de sus bonos y el Indecopi designa a Joé Villa como administrador para dirigir el negocio hasta el momento en que sus asuntos estén en orden.

**Hotelera San Antonio S. A.**
**Balance General**
**Al 30 de junio de 202x**

| | | | |
|---|---|---|---|
| Efectivo y equivalente | 3246 | Cuentas por pagar com terc. | 34 642 |
| Cuentas por cobrar com.terc | 48 534 | Intereses sobre bonos | 7500 |
| Estimación incobrables | (3000) | Bonos por pagar 6 % | 250 000 |
| Inventario de suministros | 6853 | Capital en acciones | 500 000 |
| Terrenos | 60 000 | pérdidas acumuladas | (137 531) |
| Edificio | 600 000 | | |
| Depreciación | (180 000) | | |
| Equipos, después de depreciación S/ 140 000 | 148 360 | | |
| total | 654 611 | Total | 654 611 |

El administrador se hace cargo de todo el activo, excepto terrenos y edificios.

El administrador cobra durante el primer año S/ 10 480 sobre cuentas a cobrar y cancela el resto de estas por incobrables. Los ingresos provenientes de las operaciones ascienden a S/ 244 675, todas las cuales se cobran, con excepción de S/ 8240. Se hace una provisión para esta cuenta de dudoso cobro, ascendiente a S/ 1240.

Los gastos de operación, excluyendo la provisión para cuentas dudosas, pérdidas en realización, honorarios del síndico y cargos por depreciación se han contabilizado hasta un importe de S/ 188 435 del cual están pendientes de pago S/ 12 165. Este total no incluye el consumo de suministros.

Suministros por S/ 2550 según el balance general del 30 de junio se venden en S/ 2000. El inventario final de suministros ascienda a S/ 3200.

La mayor parte del equipo es obsoleto o inútil. Una parte de él contabilizado por S/ 26 825 y el que está depreciado el 50 % se vende en S/ 18 500 y se compra en efectivo equipo nuevo por valor de S/ 12 000. El equipo se deprecia al 10 % anual sobre el saldo de cierre y se hace un ajuste de la mitad de la depreciación del año para el equipo nuevo.

El síndico paga las cuentas a pagar, los intereses acumulados sobre bonos y los intereses de los bonos para el año, y también cobra sus honorarios del año S/ 12 000. La empresa hace una provisión de S/ 13 800 para la depreciación del año sobre el edificio.

**Se pide:** Registrar las operaciones en los libros del administrador y de la empresa y elaborar los estados financieros.

2. La empresa San Antonio S. A., notando que su crédito está quebrantado, preparó el estado siguiente al 1 enero 202x

| Activo | | Pasivo y patrimonio | |
|---|---|---|---|
| Efectivo y equivalente | 2 107 | Cuentas por pagar com. | 480 201 |
| Cuentas a cobrar comerciales | 184 216 | Capital | 100 000 |
| Inventario-mercaderías | 345 756 | Utilidades retenidas | 200485 |
| Activo fijo- neto | 248 607 | | |
| Total | 780 686 | Total | 780 686 |

La empresa solicitó un administrador judicial, se asignó a Leandro Jara, con autorización para dirigir el negocio.

# CAPÍTULO IV
## Sociedades irregulares

Es irregular la sociedad que no se ha constituido e inscrito conforme a la NLGS o la situación real de hecho que resulta que dos o más personas actúen de manera manifiesta en sociedad sin haberla constituido e inscrito. En cualquier caso, una sociedad adquiere la condición de irregular:

1. Transcurridos 60 días desde que los socios fundadores han firmado el pacto social sin haber solicitado el otorgamiento de la escritura pública de constitución.
2. Transcurridos 30 días desde que la asamblea designó al o a los firmantes para otorgar la escritura pública sin que estos hayan solicitado su otorgamiento.
3. Transcurridos más de 30 días desde que se otorgó la escritura pública de constitución, sin que se haya solicitado su inscripción en el registro.
4. Transcurridos 30 días desde que quedó firme la denegatoria de la inscripción formulada por el registro.
5. Cuando se ha transformado sin observar las disposiciones de la NLGS.
6. Cuando continúa en actividad no obstante haber incurrido en causal de disolución prevista en la ley, el pacto social o el estatuto (art. 423 NLGS).

### Efectos de la irregularidad (Art. 423 NLGS)

Los administradores, representantes y, en general, quienes se presenten ante terceros actuando a nombre de la sociedad irregular son personal, solidaria e ilimitadamente responsables por los contratos y, en general, por los actos jurídicos realizados desde que se produjo la irregularidad. Si la irregularidad existe desde la constitución, los socios tienen igual responsabilidad.

Las responsabilidades establecidas en este artículo comprenden el cumplimiento de la respectiva obligación, así como, en su caso, la indemnización por los daños y perjuicios causados por actos u omisiones que lesionen directamente los intereses de la sociedad, de los socios o de terceros. Los terceros, y cuando proceda la sociedad y los socios, pueden plantear simultáneamente las pretensiones que correspondan contra la sociedad, los administradores y, cuando sea el caso, contra los socios, siguiendo a tal efecto el proceso abreviado.

Lo manifestado anteriormente no enerva la responsabilidad penal correspondiente. Los socios están obligados a efectuar los aportes y las prestaciones a que se hubieran comprometido en el pacto social o en acto posterior, en todo lo que sea necesario para cumplir el objeto social o, en caso de liquidación de la sociedad irregular, para cumplir con las obligaciones contraídas con terceros.

Si hubiera estipulación al respecto, se considera que todos los socios deben aportar en partes iguales (art. 425 NLGS).

Los socios, los acreedores de estos o de la sociedad, o los administradores, pueden solicitar alternativamente la regularización o la disolución de la sociedad, mediante procedimiento judicial o convocatoria a acuerdo de disolución (art. 426 NLGS).

Los socios pueden separarse de la sociedad si la junta general no accediera a la solicitud de regularización o disolución. Los socios no se liberan de las responsabilidades que les correspondan hasta el momento de su separación en la NLGS (art. 427 NLGS).

En las sociedades irregulares, las relaciones internas entre los socios y entre estos y la sociedad se rigen por lo establecido en el pacto de que se hubieran derivado y, supletoriamente, por las disposiciones de esta ley.

El pacto social, el estatuto, los convenios entre socios y sus modificaciones, así como las consecuencias que de ellos se deriven, son válidos entre los socios. Ellos no perjudican a terceros, quienes pueden utilizarlos en todo lo que favorezca, sin que le pueda ser opuesto el acuerdo o contrato o sus modificaciones que tiendan a limitar o excluir las responsabilidades establecidas.

Son válidos los contratos que la sociedad celebre con terceros (art. 428 NLGS).

## Administración y representación de la sociedad irregular (Art. 429 NLGS)

La administración de la sociedad irregular corresponde a sus administradores y representantes designados en el pacto social, en el estatuto o en los acuerdos entre socios. Se presume que los socios y administradores de la sociedad irregular, actuando individualmente, están facultados para realizar actos de carácter urgente y para solicitar medidas judiciales cautelares.

De acuerdo con la forma de sociedad que pueda atribuirse a la sociedad irregular, los acreedores particulares de los socios concurrirán con los acreedores de la sociedad irregular para el cobro de los créditos, teniendo en cuenta la prelación que conforme a ley corresponda a dichos créditos (art. 430 NLGS).

## Disolución y liquidación de la sociedad irregular (Art. 431 NLGS)

La disolución de la sociedad irregular puede tener lugar sin observancia de formalidades y puede acreditarse, entre los socios y frente a terceros, por cualquier medio de prueba.

Debe inscribirse la disolución de la sociedad irregular en el registro.

La disolución de la sociedad irregular se sujeta a lo establecido en el pacto social y la NLGS.

La insolvencia o la quiebra de la sociedad irregular se sujeta a la ley de materia (reestructuración empresarial) (art. 432 NLGS).

## Aspectos tributarios

### Impuesto a la renta

De acuerdo con el inciso k) del art. 14 de la LIR, se considera contribuyentes del impuesto a las sociedades irregulares, la comunidad de bienes, *joint venture*, consorcios y otros contratos de colaboración empresarial que lleven contabilidad independiente de la de sus socios o partes contratantes.

Asimismo, el último párrafo establece que, en el caso de las sociedades irregulares, la comunidad de bienes, *joint venture*, consorcios y otros contratos de colaboración empresarial que no lleven contabilidad independiente, las rentas serán atribuidas a las personas naturales o jurídicas que las integran o sean partes contratantes.

### Impuesto general a las ventas

De acuerdo con el art. 9 de la LIGV, las sociedades irregulares, la comunidad de bienes, *joint venture*, consorcios y otros contratos de colaboración empresarial con contabilidad independiente son sujetos del impuesto. El Reglamento de la LIGV, en el artículo 5, numeral 10, establece lo siguiente respecto a los contratos de colaboración empresarial:

– Sin contabilidad independiente:

La adjudicación, asignación de bienes y recursos para la ejecución de los contratos de colaboración empresarial se encuentra exonerada del IGV, siempre que se cumpla con informar a la SUNAT para no llevar la contabilidad independiente.

Las atribuciones de bienes comunes que efectúe proporcionalmente el operador a cada participante están exoneradas del IGV, excepto en el caso de que se efectúe totalmente a favor de uno de los participantes.

El crédito fiscal será atribuido por el operador a cada participante, según la proporción de gastos que estos asuman, con respecto al IGV que gravó las importaciones, adquisiciones de bienes, servicios y contratos de construcción. No se aceptará la prorrata del crédito fiscal.

– Con contabilidad independiente:

La asignación, adjudicación y atribuciones se encuentran afectas al IGV, estando obligados a emitir comprobantes de pago por la transferencia de bienes en uso o en propiedad que efectúen, ya sea a título gratuito u oneroso.

El crédito fiscal será aplicado Con base en las normas generales del IGV.

## Impuesto temporal a los activos netos

El art. 2 de la Ley 28424 establece: Son sujetos del impuesto, en calidad de contribuyentes, los generadores de renta de tercera categoría sujetos al régimen general del Impuesto a la Renta, incluyendo las sucursales, agencias y demás establecimientos permanentes en el país de empresas unipersonales, sociedades y entidades de cualquier naturaleza constituidas en el exterior.

## Libros de contabilidad

El art. 65 de la LIR indica que las sociedades irregulares, la comunidad de bienes, *joint venture*, consorcios y otros contratos de colaboración empresarial deberán llevar contabilidad independiente de la de sus socios. Sin embargo, el penúltimo y último párrafo indican que, en el caso de que la sociedad irregular, la comunidad de bienes, *joint venture*, consorcios y otros contratos de colaboración empresarial, que por razones del contrato (modalidad y/o duración) no puedan llevar su contabilidad en forma independiente, deberán comunicar a la SUNAT dentro de los cinco días siguientes a la fecha de celebración del contrato, para que una de las partes o cada una lleve la contabilidad del contrato. La SUNAT tiene un plazo de 15 días para pronunciarse, caso contrario se dará por aprobado.

Tratándose de contratos con vencimiento a plazos menores a tres años, cada parte contratante podrá contabilizar sus operaciones o, de ser el caso, uno de ellos podrá llevar la contabilidad del contrato, debiendo, a tal efecto, comunicar a la SUNAT dentro de los cinco días siguientes a la fecha de celebración del contrato.

## Contratos asociativos

Se considera contrato asociativo aquel que crea y regula relaciones de participación e integración en negocios o empresas determinadas, en interés común de los intervinientes. El contrato asociativo no genera una persona jurídica, debe constar por escrito y no está sujeto a inscripción en el registro.

Las partes están obligadas a efectuar las contribuciones en dinero, bienes o servicios establecidos en el contrato. Si no se hubiera indicado el monto de las contribuciones, las partes se encuentran obligadas a efectuar las que sean necesarias para la realización del negocio o empresa, en proporción a su participación en las utilidades.

La entrega de dinero, bienes o la prestación de servicios se hará en la oportunidad, el lugar y las formas establecidas en el contrato. A falta de estipulación, rigen las normas para los aportes establecidos en la NLGS (art. 439)

## Contrato de asociación en participación (art. 440 Nlgs)

Es el contrato por el cual una persona, denominada asociante, concede a otra u otras personas, denominadas asociadas, una participación en el resultado o en las utilidades de uno o de varios negocios o empresas del asociante, a cambio de determinada contribución.

El asociante actúa en nombre propio y la asociación en participación no tiene razón social ni denominación.

La gestión del negocio o empresa corresponde única y exclusivamente al asociante, y no existe relación jurídica entre los terceros y los asociados.

Los terceros no adquieren derechos ni asumen obligaciones frente a los asociados, ni estos ante aquellos.

El contrato puede determinar la forma de fiscalización o control a ejecutarse por los asociados sobre los negocios o empresas del asociante que son objeto del contrato. Los socios tienen derecho a la rendición de cuentas al término del negocio realizado y al término de cada ejercicio (art. 441 NLGS).

El asociante no puede atribuir participación en el mismo negocio o empresa a otras personas sin el consentimiento expreso de los asociados (art. 442 NLGS).

Respecto de terceros, los bienes contribuidos por los asociados se presumen de propiedad del asociante, salvo aquellos que se encuentren inscritos en el registro a nombre del asociado (art. 443 NLGS).

Salvo pacto en contrario, los asociados participan en las pérdidas en la misma medida en que participan en las utilidades, y las pérdidas que los afecten no exceden el importe de su contribución. Se puede convenir en el contrato que una persona participe en las utilidades sin participación en las pérdidas, así como que se le atribuya participación en las utilidades o en las pérdidas sin que exista una determinada contribución (art. 444 NLGS).

## Contrato de consorcio (art. 445 Nlgs)

Es el contrato por el cual dos o más personas se asocian para participar en forma activa y directa en un determinado negocio o empresa con el propósito de obtener un beneficio económico, manteniendo cada una su propia autonomía.

Corresponde a cada miembro del consorcio realizar las actividades propias del consorcio que se le encargan y aquellas a las que se ha comprometido. Al hacerlo, debe coordinar con los otros miembros del consorcio conforme a los procedimientos y mecanismos previstos en el contrato.

Los bienes que los miembros del consorcio afectan al cumplimiento de la actividad a la que se han comprometido continúan siendo propiedad exclusiva de estos. La adquisición conjunta de determinados bienes se regula por las reglas de la copropiedad (art. 446 NLGS).

### Relaciones con terceros y responsabilidades (art. 447 NLGS)

Cada miembro del consorcio se vincula individualmente con terceros en el desempeño de la actividad que le corresponde en el consorcio, adquiriendo derechos y asumiendo obligaciones y responsabilidades a título personal. Cuando el consorcio contrate con terceros, habrá responsabilidad solidaria entre los miembros del consorcio, solo si así se pacta en el contrato o lo dispone la ley.

Durante la liquidación se aplican las disposiciones relativas a las juntas generales, pudiendo los socios o accionistas adoptar los acuerdos que estimen convenientes (art. 413 NLGS).

## Liquidadores (art. 414 NLGS)

La junta general, los socios o en su caso el juez designa a los liquidadores y en su caso, a sus respectivos suplentes al declarar la disolución salvo que el estatuto, el pacto social o los convenios entre accionistas inscritos ante la sociedad hubiesen hecho la designación a que la ley disponga otra cosa. El número de liquidadores debe ser impar.

Si los liquidadores designados no asumen el cargo en el plazo de 5 días contados desde la comunicación de la designación y no existen suplentes, cualquier director o gerente convoca a la junta general, a fin de que designe a los sustitutos.

El cargo de liquidador es remunerado, salvo que el estatuto, el pacto social o el acuerdo de la junta general, disponga lo contrario.

Los liquidadores pueden ser personas naturales o jurídicas. En este último caso, esta debe nombrar a la persona natural que la representará, la misma que queda sujeta a las responsabilidades que se establecen en NLGS para el gerente de la sociedad anónima, sin perjuicio de la que corresponda a los administradores de la entidad liquidadora y a esta.

Las limitaciones legales y estatutarias para el renombramiento de los liquidadores, la vacancia del cargo y su responsabilidad se rigen, en cuanto sea aplicable, por las normas que regulan a los directores y al gerente de la sociedad anónima.

Los socios que representen a la décima parte del capital social tienen derecho a designar un representante que vigile las operaciones de liquidación. El sindicato de obligacionistas puede designar un representante que vigile las operaciones de liquidación.

| | | |
|---|---|---|
| ------------------- 11 ------------------- | | |
| 89 Resultados del ejercicio | 154 500 | |
|   63 Gastos de servicios prestados por terceros | | 19 000 |
|   65 otros gastos de gestión | | 10 500 |
|   69 costo de ventas | | 125 000 |
| ------------------- 12 ------------------- | | |
| 70 ventas | 185 000 | |
|   75 otros ingresos de gestión | 10 000 | |
|   89 resultados del ejercicio | | 195 000 |
| ------------------- 13 ------------------- | | |
| 88 impuesto a la renta | 11 948 | |
|   40 tributos, contraprestaciones y aporte por pagar | | 11 948 |
| 40 500 * 29.5% | | |
| ------------------- 14 ------------------- | | |
| 40 tributos, contraprestaciones y aporte por pagar | 11 948 | |
|   10 efectivo y equivalente de efectivo | | 11 948 |
| ------------------- 15 ------------------- | | |
| 89 Resultados del ejercicio | 11 948 | |
|   88 impuesto a la renta | | 11 948 |
| ------------------- 16 ------------------- | | |
| 89 Resultados del ejercicio | 28 552 | |
| 50 capital | 100 000 | |
|   59 Resultados acumulados | | 110 500 |
|   10 efectivo y equivalente de efectivo | | 18 052 |
| ------------------- ------------------- | | |

<br>

### San Antonio S.R.L.
### Balance general de liquidación
### Al 31 de octubre de 202x

| Activo | | Pasivo | |
|---|---|---|---|
| Efectivo y equivalente | 18 052 | 50 Capita | 10 000 |
| | | resultados acumulados | (110 500) |
| | | 89 resultado del ejercicio | 28 552 |
| | 18 052 | | 18 052 |

El administrador se hizo cargo del activo mostrado en el estado anterior, pero después de rebajar el inventario a S/ 290 110 y las cuentas por cobrar a S/ 152 600.

El síndico había cobrado al 31 de mayo de 202x todas las cuentas a cobrar que se la transmitieron, con una pérdida adicional de S/ 12 170; había hecho ventas al crédito por S/ 350 100 y las había cobrado todas con excepción de S/ 48,100 todavía contabilizadas como cuentas a cobrar antiguas. Había pagado cuentas a pagar antiguas por S/ 350 510 y gastos hechos por él ascendentes a S/ 75,415. El devolvió el negocio a los accionistas en esta fecha, después de cargar depreciación por S/ 18 300. Había un inventario de S/ 41 180.

Se pide: registrar las operaciones y presentar el balance general a la fecha que se devuelve el negocio a los accionistas.

El contrato deberá establecer el régimen y los sistemas de participación en los resultados del consorcio; de no hacerlo, se entenderá que es en partes iguales (art. 448 NLGS).

Ejemplo

Alberto Pérez y Bernardo Morales acuerdan formar una asociación en participación y convienen comprar un lote de mercaderías para revenderlo y repartirse las utilidades.

a) El negocio se realiza con las siguientes características y resultados: A. Pérez aporta S/ 833 000, B. Morales aporta S/ 357 000.
b) Compran la mercancía en S/ 1 000 000 más IGV.
c) Venden las mercaderías en S/ 1 400 000 más IGV.
d) Los gastos de operación suman S/ 30 000.
e) Se paga el IGV a la SUNAT.
f) Finalizado el negocio, retiran sus capitales y se reparten la utilidad en proporción a sus aportes.

Se pide: Registrar las operaciones por:

a) Cuando llevan la contabilidad todos los participantes.
b) Lleva la contabilidad de la asociación en forma detallada, solo el socio Alberto Pérez.
c) Se lleva la contabilidad en forma independiente.

Desarrollo

| Alberto Pérez | Debe | Haber | Bernardo Morales | Debe | Haber |
|---|---|---|---|---|---|
| -------- 1 -------- | S/ | S/ | -------- 1 -------- | S/ | S/ |
| 101 caja | 357 000 | | 304 partic neg. | 357 000 | |
| 304 partic neg. Conjuntos | 833 000 | | Conjuntos | | |
|    479 otras ctas x pag.R | | 1 190 000 |    10 Efectivo y equiv. | | 357 000 |
| Pérez 833 000 70 % | | | Participación | | |
| Morales 357 000 30 % | | | Morales 357 000 30 % | | |
| -------- 2 -------- | | | -------- 2 -------- | | |
| 104 Bancos cta Asoc. | 1 190 000 | | | | |
|    101 Caja | | 1 190 000 | | | |
| -------- 3 -------- | | | -------- 3 -------- | | |
| 60 Compras | 1 000 000 | | 60 Compras | 1 000 000 | |
| 40 trib. Cont.x pagar | 1 800 00 | | 40 trib. Cont.x pagar | 180 000 | |
|    104 Bancos cta Asoc | | 1 180 000 |    479 otras ctas x pag.R | | 1 180 000 |
| -------- 4 -------- | | | -------- 4 -------- | | |
| 20 Mercaderías | 1 000 000 | | 20 Mercaderías | 1 000 000 | |
|    61 variación de inventa | | 1 000 000 |    61 variación de inventa. | | 1 000 000 |
| -------- 5 -------- | | | -------- 5 -------- | | |
| 104 Bcos cta asoc. | 1 652 000 | | 479 otras ctas x pag.R. | 1 652 000 | |
|    40 Trib.cont x pagar | | 252 000 |    40 Trib.cont x pagar | | 252 000 |
|    70 ventas | | 1 400 000 |    70 ventas | | 1 400 000 |
| -------- 6 -------- | | | -------- 6 -------- | | |
| 65 otros gs gestión | 30 000 | | 65 otros gs gestión | 30 000 | |
|    104 Bcos cta asoc | | 30 000 |    479 otras ctas x pag.R | | 30 000 |
| -------- 7 -------- | | | -------- 7 -------- | | |
| 95 gastos administrativos | 30 000 | | 95 gastos administrativos | 30 000 | |
|    79 cargas imp.ctas c yg | | 30 000 |    79 cargas imp.ctas c yg | | 30 000 |
| -------- 8 -------- | | | -------- 8 -------- | | |
| 40 Trib. Cont x pagar | 72 000 | | 40 Trib. Cont x pagar | 72 000 | |
| 4011 IGV | | | 4011 IGV | | |
|    104 Bcos cta asoc | | 72 000 |    479 otras ctas x pag.R | | 72 000 |
| -------- 9 -------- | | | -------- 9 -------- | | |
| 69 costo de ventas | 1000000 | | 69 costo de ventas | 1000000 | |
|    20 mercaderías | | 1000000 |    20 mercaderías | | 1000000 |
| -------- 10 -------- | | | -------- 10 -------- | | |
| 678 part.neg.conjuntos | 370 000 | | 678 part.neg.conjuntos | 370 000 | |
|    44 cta x pagar a socios | | 111 000 |    44 cta x pagar a socios | | 259 000 |
|    778 part.neg.conjuntos | | 259 000 |    778 part.neg.conjuntos | | 111 000 |
| 30%   111 000 | | | 30%   111 000 | | |
| 70%   259 000 | | | 70%   259 000 | | |
| -------- 11 -------- | | | -------- 11 -------- | | |
| 44 ctas x pag.socios | 111 000 | | 44 ctas x pag.socios | 259 000 | |
| 479 otras ctas x pag.R | 357 000 | |    479 otras ctas x pag.R | | 259 000 |
|    104 Bcos cta asoc | | 468 000 | | | |
| -------- 12 -------- | | | -------- 12 -------- | | |
| 479 otras ctas x pag.R | 833 000 | | 10 Cuentas corrientes | 468 000 | |
|    304 partic neg. | | 833 000 |    479 otras ctas x pag.R | | 111 000 |
|    Conjuntos | | |    304 partc neg. Conjuntos | | 357 000 |
| -------- 13 -------- | | | | | |
| 104 Cuentas corrientes | 1 190 000 | | | | |
|    104 Bcos cta asoc | | 1 190 000 | | | |

## b) Cuando lleva la contabilidad el socio Alberto Pérez

| Alberto Pérez | Debe | Haber | Bernardo Morales | Debe | Haber |
|---|---|---|---|---|---|
| -------- 1 -------- | S/ | S/ | -------- 1 -------- | S/ | S/ |
| 101 caja | 357 000 | | 304 partic neg. Conjuntos | 357 000 | |
| 304 partic neg. Conjuntos | 833 000 | | 10 Efectivo y equiv. | | 357 000 |
| 479 otras ctas x pag.R | | 1 190 000 | Participación | | |
| Pérez 833 000 70 % | | | Morales 357 000 30 % | | |
| Morales 357 000 30 % | | | | | |
| -------- 2 -------- | | | -------- -------- | | |
| 104 Bancos cta Asoc. | 1 190 000 | | | | |
| 101 Caja | | 1 190 000 | | | |
| -------- 3 -------- | | | | | |
| 60 Compras | 1 000 000 | | | | |
| 40 trib. Cont.x pagar | 1 800 00 | | | | |
| 104 Bancos cta Asoc | | 1 180 000 | | | |
| -------- 4 -------- | | | | | |
| 20 Mercaderías | 1 000 000 | | | | |
| 61 variación de inventa | | 1 000 000 | | | |
| -------- 5 -------- | | | | | |
| 104 Bcos cta asoc. | 1 652 000 | | | | |
| 40 Trib.cont x pagar | | 252 000 | | | |
| 70 ventas | | 1 400 000 | | | |
| -------- 6 -------- | | | | | |
| 65 otros gs gestión | 30 000 | | | | |
| 104 Bcos cta asoc | | 30 000 | | | |
| -------- 7 -------- | | | | | |
| 95 gastos administrativos | 30 000 | | | | |
| 79 cargas imp.ctas c yg | | 30 000 | | | |
| -------- 8 -------- | | | | | |
| 40 Trib. Cont x pagar | 72 000 | | | | |
| 4011 IGV | | | | | |
| 104 Bcos cta asoc | | 72 000 | | | |
| -------- 9 -------- | | | | | |
| 69 costo de ventas | 1000000 | | | | |
| 20 mercaderías | | 1000000 | | | |
| -------- 10 -------- | | | | | |
| 678 part.neg.conjuntos | 370 000 | | | | |
| 44 cta x pagar a socios | | 111 000 | | | |
| 778 part.neg.conjuntos | | 259 000 | | | |
| 30% 111 000 | | | | | |
| 70% 259 000 | | | | | |
| -------- 11 -------- | | | | | |
| 44 ctas x pag.socios | 111 000 | | | | |
| 479 otras ctas x pag.R | 357 000 | | | | |
| 104 Bcos cta asoc | | 468 000 | | | |
| -------- 12 -------- | | | -------- 12 -------- | | |
| 479 otras ctas x pag.R | 833 000 | | 10 Cuentas corrientes | 468 000 | |
| 304 partic neg. | | 833 000 | 778 part.neg.conjuntos | | 111 000 |
| Conjuntos | | | 304 partc neg. Conjuntos | | 357 000 |
| -------- 13 -------- | | | -------- -------- | | |
| 104 Cuentas corrientes | 1 190 000 | | | | |
| 104 Bcos cta asoc | | 1 190 000 | | | |

## c) Cuando el contrato asociativo lleva contabilidad independiente

| Alberto Pérez | Debe | Haber | Bernardo Morales | Debe | Haber |
|---|---|---|---|---|---|
| -------- 1 -------- | S/ | S/ | -------- 1 -------- | S/ | S/ |
| 304 partic neg. Conjuntos | 833 000 | | 304 partic neg. Conjuntos | 357 000 | |
|   10 efectivo y equiv. | | 833 000 |   10 Efectivo y equiv. | | |
| participación | | | Participación | | 357 000 |
| Pérez   833 000  70 % | | | Morales 357 000  30 % | | |
| | | | | | |
| -------- -------- | | | -------- -------- | | |
| A la liquidación del | | | A la liquidación del | | |
| contrato se contabiliza | | | contrato se contabiliza | | |
| la participación en la | | | la participación en la | | |
| utilidad | | | utilidad | | |
| | | | | | |
| -------- x -------- | | | -------- x -------- | | |
| 10 efectivo y equivaleste | 1015 595 | | 10 Cuentas corrientes | 435 255 | |
|   778 part.neg.conjuntos | | 182 595 |   778 part.neg.conjuntos | | 78 255 |
|   304 partic neg. Conjuntos | | 833 000 |   304 partc neg. Conjuntos | | 357 000 |
|     70 %  259 000 | | |     30 %  111 000 | | |
| -------- -------- | | | -------- -------- | | |

## Contabilidad del contrato asociativo

| | S/ | S/ |
|---|---|---|
| --------------- 1 --------------- | | |
| 101 caja | 1 190 000 | |
|   479 otras cuentas x pagar – relacionadas | | 1 190 000 |
| Aportes. | | |
| Pérez   833 000  70 % | | |
| Morales 357 000  30 % | | |
| | | |
| --------------- 2 --------------- | | |
| 104 Cuenta corriente | 1 190 000 | |
|   101 Caja | | 1 190 000 |
| | | |
| --------------- 3 --------------- | | |
| 60 Compras | 1 000 000 | |
| 40 tributos contribuciones por pagar | 180 000 | |
|   104 cuenta corriente | | 1 180 000 |
| | | |
| --------------- 4 --------------- | | |
| 20 Mercaderías | 1 000 000 | |
|   61 variación de inventarios. | | 1 000 000 |
| | | |
| --------------- 5 --------------- | | |
| 104 cuenta corriente | 1 652 000 | |
|   40 Tributos y contribuciones porx pagar | | 252 000 |
|   70 ventas | | 1 400 000 |
| | | |
| --------------- 6 --------------- | | |
| 65 otros gastos de gestión | 30 000 | |
|   104 cuenta corriente | | 30 000 |
| | | |
| --------------- 7 --------------- | | |
| 95 gastos administrativos | 30 000 | |
|   79 cargas imputables a cuentas de costos y gastos | | 30 000 |
| | | |
| --------------- 8 --------------- | | |
| 40 Tributos y contribuciones por pagar | 72 000 | |
| 4011 IGV | | |
|   104 cuenta corriente | | 72 000 |

| | | Debe | Haber |
|---|---|---|---|
| ------------- 9 ------------- | | | |
| 69 costo de ventas | | 1 000 000 | |
| | 20 mercaderías | | 1 000 000 |
| ------------- 10 ------------- | | | |
| 79 cargas imputables a cuentas de costos y gastos | | 30 000 | |
| | 95 gastos administrativos | | 30 000 |
| ------------- 11 ------------- | | | |
| 70 ventas | | 1 400 000 | |
| | 89 Resultados del ejercicio | | 1 400 000 |
| ------------- 12 ------------- | | | |
| 89 Resultados del ejercicio | | 1 030 000 | |
| | 69 Costos de ventas | | 1 000 000 |
| | 65 otros gastos de gestión | | 30 000 |
| ------------- 13 ------------- | | | |
| 61 variación de inventarios | | 1 000 000 | |
| | 60 compras | | 1 000 000 |
| ------------- 14 ------------- | | | |
| 88 Impuesto a la renta | | 109 150 | |
| | 40 tributos y contribuciones por pagar | | 109 150 |
| 370 000*29.5% | | | |
| ------------- 15 ------------- | | | |
| 89 Resultados del ejercicio | | 109 150 | |
| | 88 impuesto a la renta | | 109 150 |
| ------------- 16 ------------- | | | |
| 89 Resultados del ejercicio | | 260 850 | |
| | 44 Cuentas por pagar a socios | | 260 850 |
| ------------- 17 ------------- | | | |
| 44 Cuentas por pagar a socios | | 260 850 | |
| 479 otras cuentas x pagar – relacionadas | | 1 190 000 | |
| | 104 Cuenta corriente | | 1450 850 |
| Morales 30 %    78 255 | | | |
| Pérez    70 %    182 595 | | | |

## Ejercicio sugerido

1.  Marco Delgado y Max Quispe formaron una asociación en participación para lotizar algunos metros de terreno, teniendo en cuenta que la negociación habría de durar un largo periodo de tiempo. Se decidió llevar la contabilidad en forma independiente para contabilizar sus operaciones. El 15 de junio, Marco Delgado envió S/ 20 000 a Max Quispe, y se acreditarían los primeros intereses del 6 % anual hasta la fecha de pago. Max Quispe quedó encargado de conducir las operaciones; él recibirá una comisión del 5 % sobre todas las ventas y el 40 % de cualquier ganancia procedente de la asociación en participación.

El 1 de julio, Max Quispe compró los terrenos en S/ 48 000, reconociendo una hipoteca de S/ 33 000 con intereses del 6 %

anual; el resto se pagó en efectivo. Los intereses se pagarán por semestres o en la fecha de cualquier pago anticipado del principal que se hiciere. El 1 de agosto, Marco Delgado anticipó S/ 22 000 adicionales a base de las mismas condiciones, con el objeto de financiar el pago de las mejoras. El costo total de las mejoras fue de S/ 19 000.

Al término del año se vendieron terrenos y se cobraron en total S/ 52 000. Los terrenos no vendidos se inventariaron al 31 de diciembre a su valor de costo: S/ 44 100. Se habían pagado hasta esa fecha gastos de publicidad, oficina y otros por S/ 11 420; estos no incluyen intereses ni comisiones. La hipoteca fue rebajada: S/ 5 000 el 30 de septiembre, S/ 8000 el 31 de octubre, S/ 6000 el 30 de noviembre y S/ 4000 el 31 de diciembre; y se pagaron intereses con estos plazos anticipados por 3, 4, 5 y 6 meses. Se pagaron a Max Quispe, el 31 de diciembre, todas las comisiones que le correspondían.

En esa misma fecha, se concedieron a Marco Delgado intereses por 6 ½ meses sobre su primera aportación y por 5 meses sobre su segunda aportación; y se le devolvió al mismo tiempo todo el efectivo de caja, excepto S/ 5000.

Marco Delgado solicita los estados financieros y los resultados obtenidos hasta el 31 de diciembre.

# Lecturas recomendadas

*El amauta de las NIIF* (Alex Cuzcano)

*Análisis e interpretación de estados financieros. Elaborados en base a NIF* (Gerardo Alfredo Brigada Altamirano y Javier Manuel Pacheco Avendaño)

*Gestión de la Cadena de Suministro. Apuntes de estudio* (Carlos Pizarro Barbarán)